中华人民共和国交通运输部

公路工程标准施工招标文件

(2009年版)(上册)

交公路发〔2009〕221号

自2009年8月1日起施行

人民交通出版社

图书在版编目(CIP)数据

公路工程标准施工招标文件(2009年版)/
中华人民共和国交通运输部编. --北京:人民交通
出版社,2009.5

ISBN 978-7-114-07722-7

I. 公… II. 中… III. 道路工程-工程施工-
招标-文件-中国 IV. U415.13

中国版本图书馆CIP数据核字(2009)第063526号

Gonglu Gongcheng Biaozhun Shigong Zhaobiao Wenjian

书　　名:公路工程标准施工招标文件(2009年版)(上册)
著 作 者:中华人民共和国交通运输部
责任编辑:沈鸿雁　刘永超
出版发行:人民交通出版社股份有限公司
地　　址:(100011)北京市朝阳区安定门外外馆斜街3号
网　　址:www.ccpress.com.cn
销售电话:(010)59757973
总 经 销:人民交通出版社股份有限公司发行部
经　　销:各地新华书店
印　　刷:北京市密东印刷有限公司
开　　本:880×1230　1/16
印　　张:15
总 字 数:964千
版　　次:2009年5月　第1版
印　　次:2017年6月　第16次印刷
书　　号:ISBN 978-7-114-07722-7
总 定 价:128.00元(上、下册)

关于发布公路工程标准施工招标资格预审文件和公路工程标准施工招标文件2009年版的通知

交公路发〔2009〕221号

各省、自治区、直辖市、新疆生产建设兵团交通运输厅(局、委),天津市市政公路管理局:

为加强公路工程施工招标管理,规范资格预审文件和招标文件编制工作,我部在国家九部委联合编制的《标准施工招标资格预审文件》和《标准施工招标文件》(以下简称《标准文件》)基础上,结合公路工程施工招标特点和管理需要,组织制定了《公路工程标准施工招标资格预审文件》(2009年版)和《公路工程标准施工招标文件》(2009年版)(以下简称《公路工程标准文件》),现予发布。

《公路工程标准文件》中"申请人须知"、"资格审查办法"、"投标人须知"、"评标办法"和"通用合同条款"等部分,与《标准文件》内容相同的只保留条目号,具体内容见《标准文件》。《标准文件》电子文本可在我部网站(www.moc.gov.cn)"下载中心"下载。

《公路工程标准文件》自2009年8月1日起施行,原《公路工程国内招标文件范本》(2003年版)同时废止,之前根据《公路工程国内招标文件范本》完成招标工作的项目仍按原合同条款执行。

自施行之日起,必须进行招标的二级及以上公路工程应当使用《公路工程标准文件》,二级以下公路项目可参照执行。在具体项目招标过程中,招标人可根据项目实际情况,编制项目专用文件,与《公路工程标准文件》共同使用,但不得违反九部委56号令的规定。

请各地交通运输主管部门加强对《公路工程标准文件》贯彻落实情况的监督检查,并注意收集有关意见和建议,及时向部反馈。

中华人民共和国交通运输部

二○○九年五月十一日

主题词:公路　施工　招标　通知

抄送:北京市路政局,中国公路建设行业协会。

交通运输部办公厅　　2009年5月12日印发

《公路工程标准施工招标文件》
审定委员会

主任委员：李　华

副主任委员：胡　滨　王松波

委　　员：熊哲清　陈悦海　解绍璋　吴大元　潘晓东　李　丁　冷曦晨
谢家全　何通海　王登科　陈　飚　朱青云　蒋振雄　王康臣
徐　涛　王淑波　杜会民　李小林　孙国富　孙旭东

编写人员

主　　编：石国虎　胡　滨　王松波　高会晋　李伟雄

编写人员：袁　静　彭耀军　王海臣　李锺根　韩　涛　张海斌　阮明华
于　光　王恒斌　王　林　鲍秀铎　肖颂鸿　刘月波　张鸿飞
程　磊　白金岭　王秋远

使用说明

一、为加强公路工程施工招标管理，规范招标文件编制工作，交通运输部公路局组织华杰工程咨询有限公司和国内专家对2003年版《公路工程国内招标文件范本》进行修订并经审定形成了《公路工程标准施工招标文件》(2009年版)(以下简称《公路工程标准施工招标文件》)。

二、交通运输部《公路工程标准施工招标文件》以《标准施工招标文件》(2007年版)(以下简称《标准施工招标文件》)为依据，考虑公路工程施工的招标特点和管理需要编制而成。《标准施工招标文件》规定通用部分，《公路工程标准施工招标文件》补充公路工程行业内容，两者结合使用，其中《公路工程标准施工招标文件》不加修改地引用了《标准施工招标文件》的部分只标注相关条款号，其内容详见《标准施工招标文件》。

三、《公路工程标准施工招标文件》适用于各等级公路和桥梁、隧道建设项目，且设计和施工不是由同一承包人承担的工程施工招标。

四、招标人根据《公路工程标准施工招标文件》编制项目招标文件时，不得修改"投标人须知"和"评标办法"正文，但可在前附表中对"投标人须知"和"评标办法"进行补充、细化，补充和细化的内容不得与"投标人须知"和"评标办法"正文内容相抵触。

五、招标人在根据《公路工程标准施工招标文件》编制项目招标文件中的"项目专用合同条款"时，可根据招标项目的具体特点和实际需要，对"通用合同条款"及"公路工程专用合同条款"进行补充、细化，除"通用合同条款"明确"专用合同条款"可作出不同约定以及"公路工程专用合同条款"明确"项目专用合同条款"可作出不同约定外，补充和细化的内容不得与"通用合同条款"及"公路工程专用合同条款"强制性规定相抵触。同时，补充、细化或约定的不同内容，不得违反法律、行政法规的强制性规定和平等、自愿、公平和诚实信用原则。

六、《公路工程标准施工招标文件》用相同序号标示的章、节、条、款、项、目，供招标人选择使用；以空格标示的由招标人填写的内容，招标人应根据招标项目具体特点和实际需要具体化，确实没有需要填写的，在空格中用“/”标示。

七、招标人按照《公路工程标准施工招标文件》第一章的格式发布招标公告或发出投标邀请书后，将实际发布的招标公告或实际发出的投标邀请书编入出售的招标文件中，作为招标文件的组成部分。其中，招标公告应同时注明发布的所有媒介名称。

八、《公路工程标准施工招标文件》第三章“评标办法”分别规定合理低价法、综合评估法和经评审的最低投标价法三种评标方法，供招标人根据招标项目具体特点和实际需要选择适用。

第三章“评标办法”前附表应列明全部评审因素和评审标准，并在本章（前附表及正文）标明投标人不满足其要求即导致废标的全部条款。废标条款应以醒目的方式提示。

招标人选择适用综合评估法的，在满足交通运输部相关规定的前提下，各评审因素的评审标准、分值和权重等由招标人自主确定。

招标人选择适用各种评标方法时，也可采用双信封形式，具体说明详见《公路工程标准施工招标文件》。

九、第五章“工程量清单”由招标人根据《公路工程标准施工招标文件》、招标项目具体特点和实际需要编制，并与“投标人须知”、“通用合同条款”、“专用合同条款”、“技术规范”、“图纸”相衔接。第五章所附表格可根据有关规定作相应的调整和补充。

十、第六章“图纸”由招标人根据《公路工程标准施工招标文件》、招标项目具体特点和实际需要编制，并与“投标人须知”、“通用合同条款”、“专用合同条款”、“技术规范”相衔接。

十一、第七章“技术规范”由招标人根据《公路工程标准施工招标文件》、招标项目具体特点和实际需要编制。“技术规范”中的各项技术标准应符合国家强制性标准，不得要求或标明某一特定的专利、商标、名称、设计、原产地或生产供应者，不得含有倾向或者排斥潜在投标人的其他内容。如果必须引用某一生产供应者的技术标准才能准确或清楚地说明拟招标项目的技术标准时，则应当在参照后面加上“或相当于”字样。

十二、各使用单位或个人对《公路工程标准施工招标文件》的修改意见和建议，请及时反馈交通运输部。

__________省(自治区、直辖市)

__________(项目名称)______标段施工招标

招 标 文 件

招标人:______________(盖单位章)

______年____月____日

总　目　录

第　一　卷

第　二　卷

第　三　卷

第　四　卷

目　录

第　一　卷

第　二　卷

第　三　卷

第　四　卷

第　一　卷

第一章　招标公告/投标邀请书

第一章　招标公告(未进行资格预审)[①]

____________(项目名称)______标段施工招标公告

1. 招标条件

本招标项目____________(项目名称)已由_______________(项目审批、核准或备案机关名称)以____________(批文名称及编号)批准建设,项目业主为____________,建设资金来自______________(资金来源),项目出资比例为____________,招标人为____________。项目已具备招标条件,现对该项目的施工进行公开招标。

2. 项目概况与招标范围

________(说明本次招标项目的建设地点、规模、计划工期、招标范围、标段划分等)。

3. 投标人资格要求

3.1　本次招标要求投标人须具备__________资质,__________业绩,并在人员、设备、资金等方面具有相应的施工能力。

3.2　本次招标________(接受或不接受)联合体投标。联合体投标的,应满足下列要求:__________________________。

3.3　每个投标人最多可对________(具体数量)个标段投标,且允许中____个标;被招标项目所在地省级交通主管部门评为最高信用等级的投标人,最多可对________(具体数量)个标段投标,且允许中____个标。[②]

3.4　具有投资参股关系的关联企业,或具有直接管理和被管理关系的母子公司,或同一母公司的子公司[③],或法定代表人为同一人的两个及两个以上法人不得同时对同一标段投标,否则均按废标处理。

① 招标人可根据项目具体特点和实际需要对本章内容进行补充、细化,但应遵守《中华人民共和国招标投标法》第16条和《招标公告发布暂行办法》等有关法律法规的规定。

② 对于被招标项目所在地省级交通主管部门评为最高信用等级的投标人,招标人可在招投标方面给予一定的奖励。

③ 国务院国有资产监督管理机构直接监管的中央企业均不属于本条规定的"母公司",其一级子公司可同时对同一标段投标,但同属一个子公司的二级子公司不得同时对同一标段投标。

4. 招标文件的获取

4.1 凡有意参加投标者,请于______年____月____日至______年____月____日(法定公休日、法定节假日除外)[①],每日上午____时至____时,下午____时至____时(北京时间,下同),在___________(详细地址)持企业法人营业执照副本原件、企业资质证书副本原件、企业安全生产许可证副本原件、单位介绍信、经办人身份证及上述资料复印件[②]一套购买招标文件。参加多个标段投标的投标人必须分别购买相应标段的招标文件,并对每个标段单独递交投标文件。

4.2 招标文件每套售价______元[③],图纸每套售价______元,招标人根据对本合同工程勘察所取得的水文、地质、气象和料场分布、取土场、弃土场位置等资料编制的参考资料每套售价______元,售后不退[④]。

5. 投标文件的递交及相关事宜

5.1 招标人将于下列时间和地点组织进行工程现场踏勘并召开投标预备会[⑤]。

踏勘现场时间:______年____月____日____时,集中地点:____________________;

投标预备会时间:______年____月____日____时,地点:____________________。

5.2 投标文件递交的截止时间(投标截止时间,下同)为______年____月____日____时____分[⑥],投标人应于当日____时____分至____时____分将投标文件递交至________________。

5.3 逾期送达的或者未送达指定地点的投标文件,招标人不予受理。

6. 发布公告的媒介

本次招标公告同时在__________(发布公告的媒介名称)上发布。

7. 联系方式

招 标 人:____________________ 招标代理机构:____________________

① 招标文件(未进行资格预审)的发售时间不得少于5个工作日。

② 招标文件中所有复印件均指彩色扫描件或彩色复印件。

③ 招标文件中提到的货币单位除有特别说明外,均指人民币元。

④ 每套招标文件售价只计工本费,最高不超过1 000元(不含图纸部分);图纸每套售价最高不超过3 000元;参考资料也应只计工本费,最高不超过1 000元。

⑤ 投标预备会与发售招标文件的时间应有一定的间隔,一般不得少于3天,以便投标人阅读招标文件和准备提出问题。

⑥ 自招标文件开始发售之日起至投标人递交投标文件截止时间止,高速公路、一级公路、技术复杂的特大桥梁、特长隧道不得少于28天,其他公路工程不得少于20天。

地　　址:____________	地　　址:____________
邮政编码:____________	邮政编码:____________
联 系 人:____________	联 系 人:____________
电　　话:____________	电　　话:____________
传　　真:____________	传　　真:____________

______年____月____日

第一章　投标邀请书(适用于邀请招标)[①]

____________(项目名称)______标段施工投标邀请书

____________(被邀请单位名称):

1. 招标条件

本招标项目__________(项目名称)已由__________(项目审批、核准或备案机关名称)以__________(批文名称及编号)批准建设,项目业主为__________,建设资金来自__________(资金来源),出资比例为_________,招标人为__________。项目已具备招标条件,现邀请你单位参加_____________(项目名称)______标段施工投标。

2. 项目概况与招标范围

__________(说明本次招标项目的建设地点、规模、计划工期、招标范围、标段划分等)。

3. 投标人资格要求

3.1　本次招标要求投标人具备________资质,________业绩,并在人员、设备、资金等方面具有承担本标段施工的能力。

3.2　你单位_________(可以或不可以)组成联合体投标。联合体投标的,应满足下列要求:_____________。

4. 招标文件的获取

4.1　请于______年____月____日至______年____月____日(法定公休日、法定节假日除外),每日上午____时至____时,下午____时至____时(北京时间,下同),在________(详细地址)持本投标邀请书和企业法人营业执照副本原件、企业资质证书副本原件、企业安全生产许可证副本原件、单位介绍信、经办人身份证及上述资料复印件一套

① 招标人可根据项目具体特点和实际需要对本章内容进行补充、细化,但应遵守《中华人民共和国招标投标法》等有关法律法规的规定。

购买招标文件。

4.2　招标文件每套售价______元,图纸每套售价______元,招标人根据对本合同工程勘察所取得的水文、地质、气象和料场分布、取土场、弃土场位置等资料编制的参考资料每套售价______元,售后不退①。

5. 投标文件的递交及相关事宜

5.1　招标人将于下列时间和地点组织进行工程现场踏勘并召开投标预备会②。

踏勘现场时间:______年____月____日____时,集中地点:______________;

投标预备会时间:______年____月____日____时,地点:______________。

5.2　投标文件递交的截止时间(投标截止时间,下同)为______年____月____日____时____分③,投标人应于当日____时____分至____时____分将投标文件递交至________。

5.3　逾期送达的或者未送达指定地点的投标文件,招标人不予受理。

6. 确认

你单位收到本投标邀请书后,请于____________(具体时间)前以传真或快递方式予以确认,并明确是否准备参与投标。

7. 联系方式

招 标 人:	________________________	招标代理机构:	____________________
地　　址:	________________________	地　　址:	____________________
邮政编码:	________________________	邮政编码:	____________________
联 系 人:	________________________	联 系 人:	____________________
电　　话:	________________________	电　　话:	____________________
传　　真:	________________________	传　　真:	____________________

______年____月____日

① 每套招标文件售价只计工本费,最高不超过1 000元(不含图纸部分);图纸每套售价最高不超过3 000元;参考资料也应只计工本费,最高不超过1 000元。

② 投标预备会与发售招标文件的时间应有一定的间隔,一般不得少于3天,以便投标人阅读招标文件和准备提出问题。

③ 自招标文件开始发售之日起至投标人递交投标文件截止时间止,高速公路、一级公路、技术复杂的特大桥梁、特长隧道不得少于28天,其他公路工程不得少于20天。

第一章　投标邀请书(代资格预审通过通知书)①

____________(项目名称)______标段施工投标邀请书

____________(被邀请单位名称):

你单位已通过资格预审,现邀请你单位按招标文件规定的内容,参加____________(项目名称)______标段施工投标。

请你单位于______年____月____日至______年____月____日(法定公休日、法定节假日除外),每日上午____时至____时,下午____时至____时(北京时间,下同),在______________(详细地址)持本投标邀请书、单位介绍信及经办人身份证购买招标文件。

招标文件每套售价______元,图纸每套售价______元,招标人根据对本合同工程勘察所取得的水文、地质、气象和料场分布、取土场、弃土场位置等资料编制的参考资料每套售价______元,售后不退②。

招标人将于下列时间和地点组织进行工程现场踏勘并召开投标预备会③。

踏勘现场时间:______年____月____日____时,集中地点:____________;

投标预备会时间:______年____月____日____时,地点:____________。

递交投标文件的截止时间(投标截止时间,下同)为______年____月____日____时____分④,投标人应于当日____时____分至____时____分将投标文件递交至________________。

逾期送达的或者未送达指定地点的投标文件,招标人不予受理。

你单位收到本投标邀请书后,请于____________(具体时间)前以传真或快递方式予以确认,并明确是否准备参与投标。

招　标　人:____________________　　招标代理机构:____________________

---

① 招标人可根据项目具体特点和实际需要对本章内容进行补充、细化,但应遵守《中华人民共和国招标投标法》等有关法律法规的规定。

② 每套招标文件售价只计工本费,最高不超过 1 000 元(不含图纸部分);图纸每套售价最高不超过 3 000 元;参考资料也应只计工本费,最高不超过 1 000 元。

③ 投标预备会与发售招标文件的时间应有一定的间隔,一般不得少于 3 天,以便投标人阅读招标文件和准备提出问题。

④ 自招标文件开始发售之日起至投标人递交投标文件截止时间止,高速公路、一级公路、技术复杂的特大桥梁、特长隧道不得少于28 天,其他公路工程不得少于20 天。

地　　址:________________	地　　址:________________
邮政编码:________________	邮政编码:________________
联 系 人:________________	联 系 人:________________
电　　话:________________	电　　话:________________
传　　真:________________	传　　真:________________

______年____月____日

第二章　投标人须知

第二章　投标人须知

投标人须知前附表①

条款号	条 款 名 称	编　列　内　容
1.1.2	招标人	名　称： 地　址： 联系人： 电　话：
1.1.3	招标代理机构	名　称： 地　址： 联系人： 电　话：
1.1.4	项目名称	
1.1.5	建设地点	
1.2.1	资金来源	
1.2.2	出资比例	
1.2.3	资金落实情况	
1.3.1	招标范围	
1.3.2	计划工期	计划工期：____日历天 计划开工日期：______年____月____日 计划交工日期：______年____月____日②
1.3.3	质量要求	标段工程交工验收的质量评定：________； 竣工验收的质量评定：________。
1.4.1③	投标人资质条件、能力和信誉	资质条件：见附录1 财务要求：见附录2 业绩要求：见附录3 信誉要求：见附录4 项目经理和项目总工资格：见附录5 其他要求：④

① a.“投标人须知前附表”用于进一步明确正文中的未尽事宜，由招标人根据招标项目具体特点和实际需要编制和填写，但务必做到与招标文件中其他章节的衔接，并不得与本章正文内容相抵触。

b.“投标人须知前附表”中的附录表格同属“投标人须知前附表”内容，具有同等效力。

② 招标人如有阶段工期要求，请在此补充。

③ 本项适用于未进行资格预审的情况。

④ 对于技术特别复杂的特大桥梁和长大隧道工程，招标人还应增加附录6、附录7对投标人的其他主要管理人员和技术人员以及主要机械设备和试验检测设备提出要求。

续上表

条款号	条款名称	编列内容
1.4.2①	是否接受联合体投标	□不接受 □接受,但联合体所有成员数量不得超过____家; 还应满足下列要求:
1.9.1	踏勘现场	□不组织 □组织,踏勘时间: 踏勘集中地点:
1.10.1	投标预备会	□不召开 □召开,召开时间: 召开地点:
1.10.2	投标人提出问题的截止时间	递交投标文件截止之日____天前
1.10.3	招标人书面澄清的时间	递交投标文件截止之日____天前
1.11	分 包	□不允许 □允许
1.12	偏 离	□不允许 □允许
2.1	构成招标文件的其他材料	
2.2.1	投标人要求澄清招标文件的截止时间	递交投标文件截止之日____天前
2.2.2	投标截止时间	______年____月____日____时____分
2.2.3	投标人确认收到招标文件澄清的时间	收到澄清后___小时内(以发出时间为准)
2.3.2	投标人确认收到招标文件修改的时间	收到修改后___小时内(以发出时间为准)
3.1.1	构成投标文件的其他材料	
3.2.1	工程量清单的填写方式	□投标人按照招标人提供的工程量固化清单电子文件填写工程量清单 □投标人按照招标人提供的书面工程量清单填写工程量清单
3.2.5	是否接受调价函②	□是 □否
3.3.1	投标有效期	自投标人提交投标文件截止之日起计算____天

① 本项适用于未进行资格预审的情况。

② 一般情况下建议招标人不接受调价函。

续上表

条款号	条 款 名 称	编 列 内 容
3.4.1	投标保证金	投标保证金的金额：________ 投标保证金的形式：________ 投标保证金的递交截止时间为： ______年____月____日____时之前 招标人的开户银行及账号如下： 招 标 人：___________ 开户银行：___________ 账　　号：___________
3.5.2①	近年财务状况的年份要求	______年～______年
3.5.3②	近年完成的类似项目的年份要求	______年～______年
3.5.5③	近年发生的诉讼及仲裁情况的年份要求	______年～______年
3.6	是否允许递交备选投标方案	□不允许 □允许
3.7.3	签字或盖章要求	
3.7.4	投标文件副本份数	______份，另加 1 份投标文件电子文件（光盘或 U 盘，如需要）
3.7.5	装订要求	
4.1.2	封套上写明	内层封套： 投标人邮政编码：_____________ 投标人地址：_____________ 投标人名称：_____________ 投标人联系人：_____________ 投标人联系电话：_____________ 招标人地址及名称：___________（寄） 外层封套： 招标人地址：_____________ 招标人名称：_____________ ___________（项目名称）______标段施工招标投标文件 在______年____月____日____时____分前不得开启

① 本项适用于未进行资格预审的情况。
② 本项适用于未进行资格预审的情况。
③ 本项适用于未进行资格预审的情况。

续上表

条款号	条款名称	编列内容
4.1.2[①]	封套上写明	投标文件第一个信封(商务及技术文件)内层封套: 投标人邮政编码:______________ 投标人地址:______________ 投标人名称:______________ 投标人联系人:______________ 投标人联系电话:______________ 招标人地址及名称:__________(寄) 投标文件第一个信封(商务及技术文件)外层封套: 招标人地址:______________ 招标人名称:______________ ____________(项目名称)______标段施工招标第一个信封(商务及技术文件)投标文件 在______年____月____日____时____分前不得开启 投标文件第二个信封(投标报价和工程量清单)内层封套: 投标人邮政编码:______________ 投标人地址:______________ 投标人名称:______________ 投标人联系人:______________ 投标人联系电话:______________ 招标人地址及名称:__________(寄) 投标文件第二个信封(投标报价和工程量清单)外层封套: 招标人地址:______________ 招标人名称:______________ ____________(项目名称)______标段施工招标第二个信封(投标报价和工程量清单)投标文件 在______年____月____日____时____分前不得开启
4.2.2	递交投标文件地点	
4.2.3	是否退还投标文件	□否 □是
4.2.6	招标人通知延后投标截止时间的时间	原定投标截止时间____天前

① 本项适用于采用双信封形式的投标文件。

续上表

条款号	条 款 名 称	编 列 内 容
5.1	开标时间和地点	开标时间:同投标截止时间 开标地点:____________
5.1①	开标时间和地点	投标文件第一个信封(商务及技术文件)开标时间:同投标截止时间 投标文件第一个信封(商务及技术文件)开标地点:__________ 投标文件第二个信封(投标报价和工程量清单)开标时间:__________ 投标文件第二个信封(投标报价和工程量清单)开标地点:__________
5.2.1	开标程序	(4)密封情况检查②:_________ (5)开标顺序:_________
6.1.1	评标委员会的组建③	评标委员会构成:____人,其中招标人代表____人,专家____人; 评标专家确定方式:从_______专家库中随机抽取
7.1	是否授权评标委员会确定中标人	□是 □否,推荐的中标候选人的人数为____名
7.3.1	履约担保	履约担保金额:_______%签约合同价④,被招标项目所在地省级交通主管部门评为最高信用等级的中标人,履约担保金额为____%签约合同价⑤(适用于采用合理低价法或综合评估法确定的中标人) 履约担保形式: □银行保函 □银行保函+现金(电汇或银行汇票形式)⑥ 采用银行保函时,出具履约担保的银行级别:_______

① 本项适用于采用双信封形式的投标文件。

② 投标文件的密封情况可由监标人或投标人代表检查。

③ 评标委员会应由招标人代表和有关方面的专家组成,人数为五人以上单数,其中技术、经济专家人数应不少于成员总数的三分之二。

④ 履约担保金额一般为10%签约合同价,如果采用经评审的最低投标价法评标,履约担保金额应符合本章"投标人须知"第7.3.1项的规定。

⑤ 对于被招标项目所在地省级交通主管部门评为最高信用等级的中标人,招标人可在履约担保方面给予一定的奖励,例如招标人可给予中标人1%～5%签约合同价履约担保金的优惠,具体优惠幅度由招标人自行确定。

⑥ 履约担保的现金比例一般不超过签约合同价的5%。

续上表

条款号	条款名称	编列内容
9.5	监督部门	监督部门:__________ 地　　址:__________ 电　　话:__________ 传　　真:__________ 邮政编码:__________
需要补充的其他内容		

附录1　资格审查条件(资质最低条件)[①]

施工企业资质等级要求

① 具体资质要求由招标人在满足国家相关法律法规前提下,根据招标项目具体特点和实际情况确定。

附录2 资格审查条件(财务最低要求)[①]

财务要求

① 具体财务要求由招标人在满足国家相关法律法规前提下,根据招标项目具体特点和实际情况确定。例如招标人可对投标人近三年的平均营业额、流动比率、投标能力等提出要求,其中投标能力应满足以下要求:$A \leqslant B - C$。其中:A——投标人所投的标段中标后平均每年应完成的合同金额;B——投标人近三年已实现的平均每年完成的合同金额;C——在本项目投标时,投标人正在施工和新承接的项目平均每年应完成的合同金额。

附录3　资格审查条件(业绩最低要求)[①]

业 绩 要 求

① 具体业绩要求由招标人在满足国家相关法律法规前提下,根据招标项目具体特点和实际情况确定,但不得设置过高的业绩资格条件。

附录4 资格审查条件(信誉最低要求)[①]

信誉要求

① 具体信誉要求由招标人在满足国家相关法律法规前提下,根据招标项目具体特点和实际情况确定。

附录5　资格审查条件(项目经理和项目总工最低要求)[①]

<table>
<tr><th>人　员</th><th>数　量</th><th>资 格 要 求</th></tr>
<tr><td>项目经理</td><td></td><td rowspan="2"></td></tr>
<tr><td>项目经理备选人</td><td></td></tr>
<tr><td>项目总工</td><td></td><td rowspan="2"></td></tr>
<tr><td>项目总工备选人</td><td></td></tr>
</table>

① 对项目经理(以及备选人)和项目总工(以及备选人)的具体资格要求由招标人在满足国家相关法律法规前提下,根据招标项目具体特点和实际情况确定,但不得设置过高的资格条件。

附录6　资格审查条件(其他主要管理人员和技术人员最低要求)[①]

人　员	数　量	资 格 要 求

① 本表仅适用于采用综合评估法评标的技术特别复杂的特大桥梁和长大隧道工程。对其他主要管理人员和技术人员的最低要求由招标人在满足国家相关法律法规前提下,根据招标项目具体特点和实际情况确定,但不得设置过高的资格条件。

附录7　资格审查条件(主要机械设备和试验检测设备最低要求)①

设备名称	规格、功率及容量	单位	最低数量要求

① 本表仅适用于采用综合评估法评标的技术特别复杂的特大桥梁和长大隧道工程。对主要机械设备和试验检测设备的最低要求由招标人在满足国家相关法律法规前提下,根据招标项目具体特点和实际情况确定。

1. 总则

1.1 项目概况

1.1.1

1.1.2

1.1.3

1.1.4

1.1.5

1.2 资金来源和落实情况

1.2.1

1.2.2

1.2.3

1.3 招标范围、计划工期和质量要求

1.3.1

1.3.2

1.3.3

1.4 投标人资格要求(适用于已进行资格预审的)

1.4 投标人资格要求(适用于未进行资格预审的)

1.4.1

1.4.2 投标人须知前附表规定接受联合体投标的,除应符合本章第 1.4.1 项和投标人须知前附表的要求外,还应遵守以下规定:

(1)联合体各方应按招标文件提供的格式签订联合体协议书,明确联合体牵头人和各方权利义务;

(2)由同一专业的单位组成的联合体,按照资质等级较低的单位确定资质等级;

(3)联合体各方不得再以自己名义单独或参加其他联合体在同一标段中投标;

(4)联合体所有成员数量不得超过投标人须知前附表规定的数量;

(5)联合体牵头人所承担的工程量必须超过总工程量的 50%;

(6)联合体各方应分别按照本招标文件的要求,填写投标文件中的相应表格,并由联合体牵头人负责对联合体各成员的资料进行统一汇总后一并提交给招标人;联合体牵头人所提交的投标文件应认为已代表了联合体各成员的真实情况;

(7)尽管委任了联合体牵头人,但联合体各成员在投标、签约与履行合同过程中,仍负有连带的和各自的法律责任。

1.4.3　投标人不得存在下列情形之一：

(1)为招标人不具有独立法人资格的附属机构(单位)；

(2)为本标段前期准备提供设计或咨询服务的,但设计施工总承包的除外；

(3)为本标段的监理人；

(4)为本标段的代建人；

(5)为本标段提供招标代理服务的；

(6)与本标段的监理人或代建人或招标代理机构同为一个法定代表人的；

(7)与本标段的监理人或代建人或招标代理机构相互控股或参股的；

(8)与本标段的监理人或代建人或招标代理机构相互任职或工作的；

(9)被责令停业的；

(10)被暂停或取消投标资格的；

(11)财产被接管或冻结的；

(12)在最近三年内有骗取中标或严重违约或重大工程质量问题的；

(13)经评标委员会认定会对承担本项目造成重大影响的正在诉讼的案件；

(14)被省级及以上交通主管部门取消项目所在地的投标资格或禁止进入该区域公路建设市场且处于有效期内；

(15)为投资参股本项目的法人单位。

1.5　费用承担

1.6　保密

1.7　语言文字

1.8　计量单位

1.9　踏勘现场

1.9.1

1.9.2

1.9.3

1.9.4

1.9.5　招标人提供的本合同工程的水文、地质、气象和料场分布、取土场、弃土场位置等参考资料,并不构成合同文件的组成部分,投标人应对自己就上述资料的解释、推论和应用负责,招标人不对投标人据此作出的判断和决策承担任何责任。

1.10　投标预备会

1.10.1

1.10.2

1.10.3

1.11 分包

本项目严禁转包和违规分包,且不得再次分包。投标人拟在中标后将中标项目的部分非主体、非关键性工作进行分包的,应符合以下规定:

分包内容要求:允许分包的工程范围仅限于非关键性工程或者适合专业化队伍施工的专业工程;

分包金额要求:专业工程分包的工程量累计不得超过总工程量的30%;

接受分包的第三人资质要求:分包人的资格能力应与其分包工程的标准和规模相适应,具备相应的专业承包资质或劳务分包资质;

其他要求:投标人如有分包计划,应按第八章"投标文件格式"的要求填写"拟分包项目情况表",且投标人中标后的分包应满足合同条款第4.3款的相关要求。

1.12 偏离

投标人须知前附表允许投标文件偏离招标文件某些要求的,偏离应当符合招标文件规定的偏离范围和幅度。

偏离即偏差,偏差分重大偏差和细微偏差。①

1.12.1 投标文件不符合第三章"评标办法"第2.1款所列的初步评审标准以及按照第三章"评标办法"第3.1.3项和第3.1.4项的规定对投标价进行算术性错误修正及其他错误修正后,最终投标报价超过投标控制价上限(如有)的,属于重大偏差,视为对招标文件未作出实质性响应,按废标处理。

1.12.2 投标文件中的下列偏差为细微偏差:

(1)在按照第三章"评标办法"第3.1.3项和第3.1.4项的规定对投标价进行算术性错误修正及其他错误修正后,最终投标报价未超过投标控制价上限(如有)的情况下,出现第三章"评标办法"第3.1.3项所列的投标报价的算术性错误和第三章"评标办法"第3.1.4项所列的投标报价的其他错误;

(2)施工组织设计(含关键工程技术方案)和项目管理机构不够完善。

1.12.3 评标委员会对投标文件中的细微偏差按如下规定处理:

(1)对于本章第1.12.2项(1)目所述的细微偏差,按照第三章"评标办法"第3.1.3项和第3.1.4项的规定予以修正并要求投标人进行澄清;

(2)对于本章第1.12.2项(2)目所述的细微偏差,如果采用合理低价法或经评审的最低投标价法评标,应要求投标人对细微偏差进行澄清,只有投标人的澄清文件被评标委员会接受,投标人才能参加评标价的最终评比。如果采用综合评估法评标,评标委员

① 如由投标人按照招标人提供的工程量固化清单电子文件填写工程量清单,无须按照第三章"评标办法"第3.1.3项和第3.1.4项的规定对投标报价进行修正,则本款与之相关内容不适用。

会可在相关评分因素的评分中酌情扣分，但最多扣分不得超过各评分因素权重分值的40%。

2. 招标文件

2.1　招标文件的组成

本招标文件包括：

（1）招标公告（或投标邀请书）；

（2）投标人须知；

（3）评标办法；

（4）合同条款及格式；

（5）工程量清单；

（6）图纸；

（7）技术规范；

（8）投标文件格式；

（9）投标人须知前附表规定的其他材料。

根据本章第1.10款、第2.2款和第2.3款对招标文件所作的澄清、修改，构成招标文件的组成部分。

当招标文件、招标文件的澄清或修改等在同一内容的表述上不一致时，以最后发出的书面文件为准。

2.2　招标文件的澄清

2.2.1

2.2.2　招标文件的澄清将在投标人须知前附表规定的投标截止时间15天前以书面形式发给所有购买招标文件的投标人，但不指明澄清问题的来源。如果澄清发出的时间距投标截止时间不足15天，相应延长投标截止时间。招标人有责任保证所有购买招标文件的投标人收到招标文件的澄清。

2.2.3

2.3　招标文件的修改

2.3.1　在投标截止时间15天前，招标人可以书面形式修改招标文件，并通知所有已购买招标文件的投标人。如果修改招标文件的时间距投标截止时间不足15天，相应延长投标截止时间。招标人有责任保证所有购买招标文件的投标人收到招标文件的修改。

2.3.2

3. 投标文件

3.1 投标文件的组成

3.1.1 投标文件应包括下列内容:

(1)投标函及投标函附录;

(2)法定代表人身份证明或附有法定代表人身份证明的授权委托书;

(3)联合体协议书;

(4)投标保证金;

(5)已标价工程量清单;

(6)施工组织设计;

(7)项目管理机构;

(8)拟分包项目情况表;

(9)资格审查资料;

(10)承诺函;

(11)调价函及调价后的工程量清单(如有);

(12)投标人须知前附表规定的其他材料。

若采用双信封形式,第 3.1.1 项采用以下条款:

3.1.1 投标文件应包括下列内容:

第一个信封(商务及技术文件):

(1)投标函[①]及投标函附录;

(2)法定代表人身份证明或附有法定代表人身份证明的授权委托书;

(3)联合体协议书;

(4)投标保证金;

(5)施工组织设计;[②]

(6)项目管理机构;

(7)拟分包项目情况表;

(8)资格审查资料;

(9)承诺函;

(10)投标人须知前附表规定的其他材料。

第二个信封(投标报价和工程量清单)

① 若采用双信封形式,招标人应修改第八章“投标文件格式”中相关内容,并要求投标人在投标文件第一个信封(商务及技术文件)中提交不包含投标报价的投标函、在投标文件第二个信封(投标报价和工程量清单)中提交填写投标报价的投标函。

② 若采用双信封形式,招标人可将第八章“投标文件格式”第六项施工组织设计附表九“合同用款估算表”放入第二个信封(投标报价和工程量清单)。

(1)投标函;

(2)已标价工程量清单;

(3)调价函及调价后的工程量清单(如有)。

3.1.2

3.2　投标报价

3.2.1　投标人应按第五章“工程量清单”的要求填写相应表格。

工程量清单的填写分下列两种方式。投标人应按投标人须知前附表规定的方式填写工程量清单。

(1)本项目招标采用工程量固化清单①,招标人在出售招标文件的同时向投标人提供工程量固化清单电子文件(光盘或U盘)。投标人填写工程量清单中的单价及总额价,即可完成投标工程量清单的编制,确定投标报价,并打印出投标工程量清单,编入投标文件。投标人未在工程量清单中填入单价或总额价的工程子目,将被认为其已包含在工程量清单其他子目的单价和总额价中,招标人将不予支付。

投标人必须严格遵循工程量固化清单电子文件中的数据、格式及运算定义,并将已填写完毕的投标工程量清单电子文件单独拷入招标人提供的光盘(或U盘)中,密封在投标文件正本内一并交回。严禁投标人修改工程量固化清单电子文件中的数据、格式及运算定义。

投标人根据招标人提供的工程量固化清单电子文件填报完成并打印的投标工程量清单中的投标报价和投标函大写金额报价应一致,如果报价金额出现差异时,则以投标函大写金额报价为准。

(2)本项目招标由招标人提供书面工程量清单,由投标人按照招标人提供的工程量清单填写本合同各工程子目的单价、合价和总额价。评标委员会将按照第三章“评标办法”第3.1.3项和第3.1.4项的规定对投标价进行算术性错误修正及其他错误修正。

3.2.2

3.2.3　投标人如果发现工程量清单中的数量与图纸中数量不一致时,应立即通知招标人核查,除非招标人以书面方式予以更正,否则,应以工程量清单中列出的数量为准。

3.2.4　投标人应根据《公路水运工程安全生产监督管理办法》,在投标总价中计入安全生产费用,安全生产费用应符合合同条款第9.2.5项的规定。工程量清单100章内列有上述安全生产费的支付子目,由投标人按招标文件的规定填写总额价。

3.2.5　除投标人须知前附表另有规定外,招标人不接受调价函。若招标人接受调价函,则应在招标文件中给出调价函的格式。投标人若有调价函则应遵循如下规定:

(1)调价函必须采用招标文件规定的格式;调价函应说明调价后的最终报价,并以

① 为减少评标阶段对投标报价进行修正的工作量,建议招标人在出售招标文件时,同时提供“工程量固化清单”,清单的数据、格式及运算定义应保证投标人无法修改。投标人只需填写各子目单价或总额价,即可自动生成投标报价。

最终报价为准,而且投标人只能有一次调价的机会。

(2)工程量清单中招标人指定的报价不允许调价。

(3)调价函必须附有调价后的工程量清单;调价函必须粘贴或机械装订在投标文件正本首页,与投标文件一起密封提交。

若投标人未提交调价后的工程量清单,或调价函未装在投标文件正本首页,调价函均视为无效,仍以原报价作为最终报价。若投标人提交的调价函多于一个,或对不允许调价的内容进行了调价,或调价函有附加条件,投标文件作为废标处理。

(4)若招标人接受调价函,投标人调价后的工程量清单和有效调价函的大写金额报价应保持一致,如果报价金额出现差异时,则以有效调价函的大写金额报价为准。

3.2.6 在合同实施期间,投标人填写的单价、合价和总额价是否由于物价波动进行价格调整按照合同条款第 16.1 款的规定处理。如果按照合同条款第 16.1.1 项的规定采用价格调整公式进行价格调整,由招标人根据项目实际情况测算确定价格调整公式中的变值权重范围,并在投标函附录价格指数和权重表中约定范围;投标人在此范围内填写各可调因子的权重,合同实施期间将按此权重进行调价。

3.3 投标有效期

3.3.1

3.3.2

3.4 投标保证金

3.4.1 投标人在递交投标文件的同时,应按投标人须知前附表规定的金额[①]、担保形式和第八章"投标文件格式"规定的投标保证金格式递交投标保证金,并作为其投标文件的组成部分。联合体投标的,其投标保证金由牵头人递交,并应符合投标人须知前附表的规定。

投标保证金必须选择下列任一种形式:电汇、银行保函或招标人规定的其他形式。

(1)若采用电汇,投标人应在投标人须知前附表规定的投标保证金递交截止时间之前,将投标保证金由投标人的基本账户一次性汇入招标人指定账户,否则视为投标保证金无效。招标人的开户银行及账号见投标人须知前附表。

(2)若采用银行保函,则应由投标人开立基本账户的银行开具。银行保函应采用招标文件提供的格式,且应在投标有效期满后 30 天内保持有效,招标人如果按本章第 3.3.2项的规定延长了投标有效期,则投标保证金的有效期也相应延长。银行保函原件应装订在投标文件的正本之中。

3.4.2

3.4.3

① 投标保证金一般为投标总价的 1% ~2% ,招标人应据此测算出具体金额。投标保证金的金额应符合国家有关规定。

3.4.4　有下列情形之一的，投标保证金将不予退还：

(1)投标人在规定的投标有效期内撤销或修改其投标文件；

(2)中标人在收到中标通知书后，无正当理由拒签合同协议书或未按招标文件规定提交履约担保；

(3)投标人不接受依据评标办法的规定对其投标文件中细微偏差进行澄清和补正；

(4)投标人提交了虚假资料。

3.5　资格审查资料(适用于已进行资格预审的)

3.5.1　投标人在编制投标文件时，应按新情况更新或补充其在申请资格预审时提供的资料，以证实其各项资格条件仍能继续满足资格预审文件的要求，具备承担本标段施工的资质条件、能力和信誉。投标人至少应更新以下资料(如有)：

(1)财务状况方面的变化，新近取得银行信贷额度(如有必要)的证明和/或获得其他资金来源的证据，以及现已接受(中标或签约)的新合同工程对财务状况的影响；

(2)资格预审之后新承包的工程名称、规模、进展程度和工程质量；

(3)资格预审后新交工的工程及评定的质量等级；

(4)最近的仲裁或诉讼介入情况；

(5)投标人名称的变化及有关批件。

3.5.2　如果投标人在送交投标文件时，其财务状况发生变化，或发生重大安全或质量事故，或发生法人合法变更或重组，或由于其他任何情况，导致投标人不能满足资格预审的各项条件时，投标人必须在其投标文件中对上述情况进行如实说明，否则，招标人一经查实，将视为投标人弄虚作假，其投标文件按废标处理。

3.5.3　招标人将进一步核查投标人在资格预审申请文件中提供的材料，若在评标期间发现投标人提供了虚假资料，招标人有权对投标人的投标文件作废标处理，并没收其投标担保；若在评标结果公示期间发现作为中标候选人的投标人提供了虚假资料，招标人有权取消其中标资格并没收其投标担保；若在合同实施期间发现投标人提供了虚假资料，招标人有权从工程支付款或履约保证金中扣除不超过合同总价10%的金额作为违约金。同时招标人将投标人上述弄虚作假行为上报省级交通主管部门，作为不良记录纳入公路建设市场信用信息管理系统。

3.5　资格审查资料(适用于未进行资格预审的)

3.5.1　“招标人基本情况表”应附企业法人营业执照副本(全本)的复印件(并加盖单位章)、施工资质证书副本(全本)的复印件(并加盖单位章)、安全生产许可证副本(全本)的复印件(并加盖单位章)、基本账户开户许可证的复印件(并加盖单位章)。

“拟委任的项目经理和项目总工资历表”应附项目经理(以及备选人)和项目总工(以及备选人)的身份证、职称资格证书以及资格审查条件所要求的其他相关证书(如建造师注册证书、安全生产考核合格证书等)的复印件,并应提供其担任类似项目的项目经理和项目总工的相关业绩证明材料复印件,并应附投标人所属社保机构出具的拟委任的项目经理和项目总工的社保缴费证明(并加盖缴费证明专用章)或其他能够证明拟委任的项目经理和项目总工参加社保的有效证明材料(并加盖社保机构单位章)。①

3.5.2

3.5.3 “近年完成的类似项目情况表”应附中标通知书和(或)合同协议书、工程接收证书(工程竣工验收证书)的复印件,具体年份要求见投标人须知前附表。每张表格只填写一个项目,并标明序号。

工程接收证书(工程竣工验收证书)可以是发包人出具的公路工程(标段)交工验收证书或竣工验收委员会出具的公路工程竣工验收鉴定书或质量监督机构对各参建单位签发的工作综合评价等级证书。

3.5.4

3.5.5

3.5.6

3.5.7 投标人在投标文件中填报的项目经理(以及备选人)和项目总工(以及备选人)不允许更换。

3.5.8 招标人将进一步核查投标人在投标文件中提供的材料,若在评标期间发现投标人提供了虚假资料,招标人有权对投标人的投标文件作废标处理,并没收其投标担保;若在评标结果公示期间发现作为中标候选人的投标人提供了虚假资料,招标人有权取消其中标资格并没收其投标担保;若在合同实施期间发现投标人提供了虚假资料,招标人有权从工程支付款或履约保证金中扣除不超过10%签约合同价的金额作为违约金。同时招标人将投标人以上弄虚作假行为上报省级交通主管部门,作为不良记录纳入公路建设市场信用信息管理系统。

3.6 备选投标方案

3.7 投标文件的编制

3.7.1

3.7.2

3.7.3 投标文件应用不褪色的材料书写或打印,投标函及投标函附录、承诺函、已标价工程量清单(包括工程量清单说明、投标报价说明、计日工说明、其他说明及工程量清单各项表格 <工程量清单表 5.1 ~ 表 5.5>)、调价函及调价后的工程量清单(如有)的内容应由投标人的法定代表人或其委托代理人逐页签署姓名(本页正文内容已由投

① 对于采用综合评估法评标的技术特别复杂的特大桥梁和长大隧道工程,还应要求投标人按照“资格审查资料”中表(八)~表(十一)的格式和要求填写相关表格并提交相关证明材料。

标人的法定代表人或其委托代理人签署姓名的可不签署）并逐页加盖投标人单位章（本页正文内容已加盖单位章的除外）。

如果投标文件由委托代理人签署，则投标人需提交附有法定代表人身份证明的授权委托书，授权委托书应按规定的书面方式出具，并由法定代表人和委托代理人亲笔签名，不得使用印章、签名章或其他电子制版签名。经公证机关对授权委托书中投标人法定代表人的签名、委托代理人的签名、投标人的单位章的真实性做出有效公证后，原件应装订在投标文件的正本之中。投标人无须再对法定代表人身份证明进行公证。公证书出具的日期应与授权委托书出具的日期同日或在其之后。

如果由投标人的法定代表人亲自签署投标文件，则不需提交授权委托书，但应经公证机关对法定代表人身份证明中法定代表人的签名、投标人的单位章的真实性做出有效公证后，将原件装订在投标文件的正本之中。公证书出具的日期应与法定代表人身份证明出具的日期同日或在其之后。

以联合体形式参与投标的，投标文件由联合体牵头人的法定代表人或其委托代理人按上述规定签署并加盖联合体牵头人单位章。法定代表人授权委托书（如有）须由联合体牵头人按上述规定出具并公证。

投标文件应尽量避免涂改、行间插字或删除。如果出现上述情况，改动之处应加盖单位章或由投标人的法定代表人或其授权的代理人签字确认。

签字或盖章的其他要求见投标人须知前附表。

3.7.4

3.7.5　投标文件的正本与副本应分别装订成册（A4 纸幅），并编制目录、且逐页标注连续页码。投标文件不得采用活页夹装订，否则，招标人对由于投标文件装订松散而造成的丢失或其他后果不承担任何责任。装订的其他要求见投标人须知前附表。

4. 投标

4.1　投标文件的密封和标识

4.1.1　投标文件的正本与副本应分别包装在内层封套里，投标文件电子文件（如需要）以及填写完毕的工程量固化清单电子文件（若采用工程量固化清单形式）应与正本包在同一个内层封套里，然后统一密封在一个外层封套中。内层和外层封套均应加贴封条，内层封套的封口处应加盖投标人单位章。外层封套上不应有任何投标人的识别标志。

4.1.2　投标文件的内层封套上应清楚地标记“正本”或“副本”字样，内、外层封套上应写明的其他内容见投标人须知前附表。

若采用双信封形式，第 4.1.1 项和 4.1.2 项采用以下条款：

4.1.1　本次招标采用双信封形式，投标文件第一个信封（商务及技术文件）以及第二个信封（投标报价和工程量清单）应单独密封包装。第一个信封（商务及技术文件）的正本与副本应分别包装在相应的内层封套里,然后统一密封在一个外层封套中。第二个信封(投标报价和工程量清单)的正本与副本应分别包装在相应的内层封套里,投标文件电子文件(如需要)以及填写完毕的工程量固化清单电子文件(若采用工程量固化清单形式)应与第二个信封(投标报价和工程量清单)正本包在同一个内层封套里,然后统一密封在一个外层封套中。内层和外层封套均应加贴封条,内层封套的封口处应加盖投标人单位章。外层封套上不应有任何投标人的识别标志。

4.1.2 投标文件的内层封套上应清楚地标记"正本"或"副本"字样,投标文件第一个信封(商务及技术文件)以及第二个信封(投标报价和工程量清单)封套上应写明的其他内容见投标人须知前附表。

4.1.3

4.2 投标文件的递交

4.2.1

4.2.2

4.2.3

4.2.4

4.2.5

4.2.6 在特殊情况下,招标人如果决定延后投标截止时间,应在投标人须知前附表规定的时间前,以书面形式通知所有投标人延后投标截止时间。在此情况下,招标人和投标人的权利和义务相应延后至新的投标截止时间。

4.3 投标文件的修改与撤回

4.3.1

4.3.2

4.3.3

5. 开标

5.1 开标时间和地点

招标人在本章第2.2.2项规定的投标截止时间(开标时间)和投标人须知前附表规定的地点公开开标,并邀请所有投标人的法定代表人或其委托代理人准时参加。

投标人若未派法定代表人或委托代理人出席开标活动,视为该投标人默认开标结果。

若采用双信封形式,第5.1款采用以下条款:

5.1 开标时间和地点

招标人在本章第2.2.2项规定的投标截止时间(开标时间)和投标人须知前附表规

定的地点对收到的投标文件第一个信封(商务及技术文件)公开开标,并邀请所有投标人的法定代表人或其委托代理人准时参加。

招标人在投标人须知前附表规定的时间和地点对投标文件第二个信封(投标报价和工程量清单)进行开标,并邀请所有投标人的法定代表人或其委托代理人准时参加。

投标人若未派法定代表人或委托代理人出席开标活动,视为该投标人默认开标结果。

5.2 开标程序

5.2.1 主持人按下列程序进行开标:

(1)宣布开标纪律;

(2)公布在投标截止时间前递交投标文件的投标人名称,并点名确认投标人是否派人到场;

(3)宣布开标人、唱标人、记录人、监标人①等有关人员姓名;

(4)按照投标人须知前附表规定检查投标文件的密封情况;

(5)按照投标人须知前附表的规定确定并宣布投标文件开标顺序;

(6)设有标底的,公布标底;

(7)按照宣布的开标顺序当众开标,公布投标人名称、标段名称、投标保证金的递交情况、投标报价②、质量目标、工期及其他内容,并记录在案;

(8)投标人代表、招标人代表、监标人、记录人等有关人员在开标记录上签字确认;

(9)开标会议结束。

5.2.2 开标过程中,若招标人发现投标文件出现以下任一情况,经监标人确认后当场宣布为废标:

(1)未在投标函上填写投标总价;

(2)投标报价或调价函中的报价超出招标人公布的投标控制价上限③(如有)。

5.2.3 若招标人宣读的内容与投标文件不符时,投标人有权在开标现场提出异议,经监标人当场核查确认之后,可重新宣读其投标文件。若投标人现场未提出异议,则认为投标人已确认招标人宣读的内容。

若采用双信封形式,第5.2款采用以下条款:

5.2 开标程序

5.2.1 主持人按下列程序对投标文件第一个信封(商务及技术文件)进行开标:

(1)宣布开标纪律;

---

① 监标人可由监督部门或公证机构的人员组成。

② 若投标函中的投标价大小写金额不一致,应以大写金额为准。

③ 若招标人设有投标控制价上限,应在招标文件中提前公布投标控制价上限。

(2)公布在投标截止时间前递交投标文件的投标人名称,并点名确认投标人是否派人到场;

(3)宣布开标人、唱标人、记录人、监标人等有关人员姓名;

(4)按照投标人须知前附表规定检查投标文件的密封情况;

(5)按照投标人须知前附表的规定确定并宣布投标文件开标顺序;

(6)按照宣布的开标顺序当众开标,公布投标人名称、标段名称、投标保证金的递交情况、质量目标、工期及其他内容,并记录在案;

(7)投标人代表、招标人代表、监标人、记录人等有关人员在开标记录上签字确认;

(8)开标会议结束。

5.2.2 若招标人宣读的内容与投标文件不符时,投标人有权在开标现场提出异议,经监标人当场核查确认之后,可重新宣读其投标文件。若投标人现场未提出异议,则认为投标人已确认招标人宣读的内容。

5.2.3 投标文件第二个信封(投标报价和工程量清单)不予开封,并交监标人密封保存。

5.2.4 招标人将按照本章第5.1款规定的时间和地点对投标文件第二个信封(投标报价和工程量清单)进行开标。主持人按下列程序进行开标:

(1)宣布开标纪律;

(2)当众拆开投标文件第一个信封(商务及技术文件)评审结果的密封袋,宣布通过投标文件第一个信封(商务及技术文件)评审的投标人名单,并点名确认投标人是否派人到场;

(3)宣布开标人、唱标人、记录人、监标人等有关人员姓名;

(4)按照投标人须知前附表规定检查投标文件的密封情况;

(5)按照投标人须知前附表的规定确定并宣布投标文件开标顺序;

(6)设有标底的,公布标底;

(7)按照宣布的开标顺序当众开标,开标人在拆封投标文件第二个信封(投标报价和工程量清单)外层封套后,按照内层封套上写明的投标人名称公布通过投标文件第一个信封(商务及技术文件)评审的投标文件第二个信封(投标报价和工程量清单)的投标人名称、标段名称、投标报价①及其他内容,并记录在案,将未通过投标文件第一个信封(商务及技术文件)评审的投标文件第二个信封(投标报价和工程量清单)退还给投标人;

(8)投标人代表、招标人代表、监标人、记录人等有关人员在开标记录上签字确认;

(9)开标会议结束。

5.2.5 第二个信封(投标报价和工程量清单)开标过程中,若招标人发现投标文件出现以下任一情况,经监标人确认并当场宣布为废标:

(1)未在投标函上填写投标总价;

---

① 若投标函中的投标价大小写金额不一致,应以大写金额为准。

(2)投标报价或调价函中的报价超出招标人公布的投标控制价上限(如有)。

5.2.6　若招标人宣读的内容与投标文件不符时,投标人有权在开标现场提出异议,经监标人当场核查确认之后,可重新宣读其投标文件。若投标人现场未提出异议,则认为投标人已确认招标人宣读的内容。

6. 评标

6.1　评标委员会

6.1.1

6.1.2

6.2　评标原则

6.3　评标

7. 合同授予

7.1　定标方式

7.2　中标通知

7.3　履约担保

7.3.1　在签订合同前,中标人应按投标人须知前附表规定的金额、担保形式和招标文件第四章"合同条款及格式"规定的履约担保格式向招标人提交履约担保。联合体中标的,其履约担保由牵头人递交,并应符合投标人须知前附表规定的金额、担保形式和招标文件第四章"合同条款及格式"规定的履约担保格式要求。

(1)采用银行保函时,出具银行保函的银行级别在投标人须知前附表中说明,所需的费用由中标人承担,中标人应保证银行保函有效。

(2)若采用经评审的最低投标价法评标,当$(A-B)/A>15\%$时,履约担保为10%签约合同价的银行保函加5%签约合同价的现金(电汇或银行汇票形式)。

其中:A为招标人标底或所有投标人评标价的平均值(除按本章第5.2.2项规定在开标现场被宣布为废标的投标报价之外);B为中标候选人的评标价。

7.3.2

7.4　签订合同

7.4.1

7.4.2

7.4.3 签约合同价的确定原则如下:[①]

(1)按照评标办法规定对投标报价进行修正后,若修正后的最终投标报价小于开标时的投标函文字报价,则签订合同时以修正后的最终投标报价为准;

(2)按照评标办法规定对投标报价进行修正后,若修正后的最终投标报价大于开标时的投标函文字报价,则签订合同时以开标时的投标函文字报价为准,同时按比例修正相应子目的单价或合价。

7.4.4 合同协议书经双方法定代表人或其授权的代理人签署并加盖单位章后生效。若为联合体投标,则联合体各成员的法定代表人或其授权的代理人都应在合同协议书上签署并加盖单位章。发包人和中标人在签订合同协议书的同时需按照本招标文件规定的格式和要求签订廉政合同及安全生产合同,明确双方在廉政建设和安全生产方面的权利和义务以及应承担的违约责任。

7.4.5 如果根据本章第 3.5.3 项(适用于已进行资格预审的)、第 3.5.8 项(适用于未进行资格预审的)、第 7.3.2 项或第 7.4.1 项规定,招标人取消了中标人的中标资格,在此情况下,招标人可将合同授予下一个中标候选人,或者按规定重新组织招标。

8. 重新招标和不再招标

8.1 重新招标

有下列情形之一的,招标人将重新招标:

(1)投标截止时间止,投标人少于 3 个的;

(2)经评标委员会评审后否决所有投标的;

(3)中标候选人均未与招标人签订合同的;

(4)法律规定的其他情形。

8.2 不再招标

9. 纪律和监督

9.1 对招标人的纪律要求

9.2 对投标人的纪律要求

9.3 对评标委员会成员的纪律要求

---

① 如由投标人按照招标人提供的工程量固化清单电子文件填写工程量清单,无须按照第三章“评标办法”第 3.1.3 项和第 3.1.4 项的规定对投标报价进行修正,则本项不适用。

9.4　对与评标活动有关的工作人员的纪律要求

9.5　投诉

投标人和其他利害关系人认为本次招标活动违反法律、法规和规章规定的，有权向有关行政监督部门投诉。

监督部门的联系方式见投标人须知前附表。

10. 需要补充的其他内容

10.1　自购买招标文件之日起，投标人应保证其提供的联系方式（电话、传真、电子邮件）一直有效，以保证往来函件（招标文件的澄清、修改等）能及时通知投标人，并能及时反馈信息，否则招标人不承担由此引起的一切后果。

需要补充的其他内容：见投标人须知前附表。

附表一　开标记录表[①]

____________(项目名称)______标段施工开标记录表

开标时间:_____年____月____日____时____分

序号	投标人	送达情况	密封情况	投标报价(元)	是否超过投标控制价上限	备注	签名
招标人编制的标底或投标控制价上限(如有)							

招标人代表:________　　记录人:________　　监标人:________

______年____月____日

① 招标人可根据项目具体特点和实际情况进行修改。

附表二　问题澄清通知

问题澄清通知

编号：

＿＿＿＿＿＿（投标人名称）：

＿＿＿＿＿＿（项目名称）＿＿＿标段施工招标的评标委员会，对你方的投标文件进行了仔细的审查，现需你方对下列问题以书面形式予以澄清：

1.

2.

……

请将上述问题的澄清于＿＿＿年＿＿月＿＿日＿＿时前递交至＿＿＿＿＿＿＿（详细地址）或传真至＿＿＿＿＿＿（传真号码）。采用传真方式的，应在＿＿＿年＿＿月＿＿日＿＿时前将原件递交至＿＿＿＿＿＿＿（详细地址）。

（项目名称）标段施工招标评标委员会

招标人：＿＿＿＿＿＿＿＿＿（盖单位章）

＿＿＿年＿＿月＿＿日

附表三　问题的澄清

问题的澄清

编号:

____________(项目名称)______标段施工招标评标委员会:

问题澄清通知(编号:________)已收悉,现澄清如下:

1.

2.

……

投标人:________________________(盖单位章)

法定代表人或其委托代理人:__________(签字)

______年____月____日

附表四　中标通知书

中标通知书

____________（中标人名称）：

你方于____________（投标日期）所递交的____________（项目名称）______标段施工投标文件已被我方接受，被确定为中标人。

中标价：________________元。

工期：______日历天。

工程质量：符合______________标准。

项目经理：____________（姓名）。

项目总工：____________（姓名）。

请你方在接到本通知书后的____日内到__________________（指定地点）与我方签订施工承包合同，在此之前按招标文件第二章“投标人须知”第7.3款规定向我方提交履约担保。

特此通知。

招标人：______________________（盖单位章）

招标代理：____________________（盖单位章）

______年____月____日

附表五　中标结果通知书

中标结果通知书

__________(未中标人名称):

我方已接受__________(中标人名称)于__________(投标日期)所递交的__________(项目名称)_____标段施工投标文件,确定__________(中标人名称)为中标人。

感谢你单位对我们工作的大力支持!

招标人:__________________(盖单位章)

招标代理:________________(盖单位章)

_____年____月____日

附表六　确认通知

确 认 通 知

____________(招标人名称)：

我方已接到你方______年 ____月____日发出的____________(项目名称)______标段施工招标关于_____________的通知,我方已于______年____月____日收到。

特此确认。

投标人：_______________(盖单位章)

______年____月____日

第三章　评 标 办 法

第三章　评标办法(合理低价法)[①]

评标办法前附表[②]

条款号		评审因素与标准
2.1.1 2.1.3	形式评审与响应性评审标准	(1)投标文件按照招标文件规定的格式、内容填写,字迹清晰可辨: a.投标函按招标文件规定填报了投标价、工期及工程质量目标; b.投标函附录的所有数据均符合招标文件规定; c.已标价工程量清单说明及承诺函文字与招标文件规定一致,未进行修改和删减; d.按照招标文件规定的格式、内容编制了施工组织设计及项目管理机构相关图表; e.投标文件组成齐全完整,内容均按规定填写。 (2)投标文件上法定代表人或其授权代理人的签字、投标人的单位章盖章齐全,符合招标文件规定: 投标函及投标函附录、承诺函、已标价工程量清单(包括工程量清单说明、投标报价说明、计日工说明、其他说明及工程量清单各项表格 <工程量清单表5.1~表5.5>)、调价函及调价后的工程量清单(如有)的内容,应由投标人的法定代表人或其委托代理人逐页签署姓名(本页正文内容已由投标人的法定代表人或其委托代理人签署姓名的可不签署)并逐页加盖投标人单位章(本页正文内容已加盖单位章的除外)。 (3)与申请资格预审时比较,投标人资格没有实质性下降: a.通过资格预审后法人名称变更时,应提供相关部门的合法批件及企业法人营业执照和资质证书的副本变更记录复印件; b.资格没有实质性下降,指投标人仍然满足资格预审中的最低要求(业绩、人员、财务等)。 (4)投标人按照招标文件规定的金额、形式、时效和内容提供了投标担保: a.投标担保金额符合招标文件规定的金额; b.若采用电汇,投标人在投标人须知前附表规定的时间之前,将投标保证金由投标人的基本账户一次性汇入招标人指定账户; c.若采用银行保函,银行保函的格式、开具保函的银行、银行保函的有效期均满足招标文件要求,且银行保函原件装订在投标文件的正本之中。 (5)投标人法定代表人的授权代理人,需提交附有法定代表人身份证明的授权委托书,并符合下列要求:

① “合理低价法”是综合评估法的评分因素中评标价得分为100分、其他评分因素分值为0分的特例。“合理低价法”即《公路工程施工招标投标管理办法》中规定的“合理低价法”。除技术特别复杂的特大桥和长大隧道工程外,公路工程施工招标评标一般应当使用合理低价法。

② “评标办法前附表”用于明确评标的方法、因素、标准和程序。招标人应根据招标项目具体特点和实际需要,详细列明全部评审因素、标准,没有列明的因素和标准不得作为评标的依据。

续上表

条款号		评审因素与标准
2.1.1 2.1.3	形式评审与响应性评审标准	a.授权人和被授权人均在授权书上签名,未使用印章、签名章或其他电子制版签名; b.附有公证机关出具的加盖钢印、单位章并盖有公证员签名章的公证书,钢印应清晰可辨,同时公证内容完全满足招标文件规定; c.公证书出具的日期与授权书出具的日期同日或在其之后。 (6)投标人法定代表人若亲自签署投标文件的,提供了法定代表人身份证明,并符合下列要求: a.法定代表人在法定代表人身份证明上签名,未使用印章、签名章或其他电子制版签名; b.附有公证机关出具的加盖钢印、单位章并盖有公证员签名章的公证书,钢印应清晰可辨,同时公证内容完全满足招标文件规定; c.公证书出具的日期与法定代表人身份证明出具的日期同日或在其之后。 (7)投标人以联合体形式投标时,联合体协议书满足招标文件的要求: a.未进行资格预审的,投标人按照招标文件提供的格式签订了联合体协议书,并明确了联合体牵头人; b.进行资格预审的,投标人提供了资格预审申请文件中所附的联合体协议书复印件。 (8)投标人如有分包计划,应按第八章“投标文件格式”的要求填写“拟分包项目情况表”,且专业分包的工程量累计未超过总工程量的30%。 (9)一份投标文件应只有一个投标报价,在招标文件没有规定的情况下,未提交选择性报价。 (10)投标人若提交调价函,调价函符合招标文件要求。 (11)投标人若填写工程量固化清单,填写完毕的工程量固化清单未对工程量固化清单电子文件中的数据、格式和运算定义进行修改。 (12)投标文件载明的招标项目完成期限未超过招标文件规定的时限。 (13)投标文件未附有招标人不能接受的条件。 (14)权利义务符合招标文件规定: a.投标人应接受招标文件规定的风险划分原则,未提出新的风险划分办法; b.投标人未增加发包人的责任范围,或减少投标人义务; c.投标人未提出不同的工程验收、计量、支付办法; d.投标人对合同纠纷、事故处理办法未提出异议; e.投标人在投标活动中无欺诈行为; f.投标人未对合同条款有重要保留。 ……
2.1.2	资格评审标准①	(1)投标人具备有效的营业执照、资质证书和安全生产许可证和基本账户开户许可证; (2)投标人的资质等级符合招标文件规定; (3)投标人的财务状况符合招标文件规定; (4)投标人的类似项目业绩符合招标文件规定;

① 本项适用于未进行资格预审的情况。

续上表

条款号		评审因素与标准
2.1.2	资格评审标准	(5)投标人的信誉符合招标文件规定； (6)投标人的项目经理(包括备选人)和项目总工(包括备选人)资格符合招标文件规定； (7)投标人的其他要求符合招标文件规定； (8)投标人不存在第二章“投标人须知”第1.4.3项规定的任何一种情形； ……

条款号	条款内容	编 列 内 容
2.2.1	分值构成 (总分100分)	评标价:100分 其他因素分值均为0分
2.2.2	评标基准价计算方法	评标基准价的计算: 在开标现场,招标人将当场计算并宣布评标基准价。 (1)评标价的确定: 方法一:评标价=投标函文字报价 方法二:评标价=投标函文字报价-暂估价-暂列金额(不含计日工总额) (2)评标价平均值的计算: 除按第二章“投标人须知”第5.2.2项规定开标现场被宣布为废标的投标报价之外,所有投标人的评标价去掉一个最高值和一个最低值后的算术平均值即为评标价平均值(如果参与评标价平均值计算的有效投标人少于5家时,则计算评标价平均值时不去掉最高值和最低值)。 (3)评标基准价的确定[①]: 方法一:将评标价平均值直接作为评标基准价。 方法二:将评标价平均值下浮____%,作为评标基准价。 方法三:招标人设置评标基准价系数,由投标人代表或监标人现场抽取,评标价平均值乘以现场抽取的评标基准价系数作为评标基准价。 方法四:…… 如果投标人认为某一标段的评标基准价计算有误,有权在开标现场提出,经监标人当场核实确认之后,可重新宣布评标基准价。确认后的评标基准价在整个评标期间保持不变,不随通过初步评审和详细评审的投标人的数量发生变化
2.2.3	评标价的偏差率计算公式	偏差率=100% ×(投标人评标价-评标基准价)/评标基准价

① 招标人可依据招标项目特点和实际需要,选择或制定适合项目的评标基准价计算方法。

续上表

条款号	评分因素	评分标准
2.2.4(1)	施工组织设计	0分
2.2.4(2)	项目管理机构	0分
2.2.4(3)	评标价	100分 评标价得分计算公式示例: (1)如果投标人的评标价>评标基准价,则评标价得分=100-偏差率×100×E_1; (2)如果投标人的评标价≤评标基准价,则评标价得分=100+偏差率×100×E_2。 其中:E_1是评标价每高于评标基准价一个百分点的扣分值;E_2是评标价每低于评标基准价一个百分点的扣分值。招标人可依据招标项目具体特点和实际需要设置E_1、E_2,但E_1应大于E_2
2.2.4(4)	其他因素	0分
需要补充的其他内容: ……		

1. 评标方法[①]

本次评标采用合理低价法。评标委员会对满足招标文件实质性要求的投标文件,按照本章第 2.2 款规定的评分标准进行打分,并按得分由高到低顺序推荐中标候选人,或根据招标人授权直接确定中标人,但投标报价低于其成本的除外。综合评分相等时,以投标报价低的优先;投标报价也相等的,招标人可采用被招标项目所在地省级交通主管部门评为较高信用等级的投标人优先或递交投标文件时间较前的投标人优先或其他方法确定第一中标候选人。

2. 评审标准

2.1　初步评审标准

2.1.1

2.1.2

2.1.2

2.1.3

2.2　分值构成与评分标准

2.2.1

2.2.2

2.2.3

2.2.4

3. 评标程序

3.1　初步评审

3.1.1

3.1.2

3.1.3[②]　投标报价有算术错误的,评标委员会按以下原则对投标报价进行修正,修

---

① 因为"合理低价法"是综合评估法的评分因素中评标价得分为 100 分、其他评分因素分值为 0 分的特例,所以本章引用《标准施工招标文件》第三章"评标办法(综合评估法)"的相关内容。

② 如本项目招标采用第二章"投标人须知"第 3.2.1 项(2)目规定的由投标人按照招标人提供的工程量清单填写本合同各工程子目的单价、合价和总额价方式,则评标委员会按照本章第 3.1.3 项和第 3.1.4 项的规定对投标人的投标报价进行修正。如本项目招标采用第二章"投标人须知"第 3.2.1 项(1)目规定的投标人按照招标人提供的工程量固化清单电子文件填写工程量清单的,无须按照本章第 3.1.3 项和第 3.1.4 项的规定对投标报价进行修正,第 3.1.3 项 ~ 第 3.1.6 项内容不适用。

正的价格经投标人书面确认后具有约束力。投标人不接受修正价格的,其投标作废标处理,并没收其投标担保。

(1)投标文件中的大写金额与小写金额不一致的,以大写金额为准;

(2)总价金额与依据单价计算出的结果不一致的,以单价金额为准修正总价,但单价金额小数点有明显错误的除外;

(3)当单价与数量相乘不等于合价时,以单价计算为准,如果单价有明显的小数点位置差错,应以标出的合价为准,同时对单价予以修正;

(4)当各子目的合价累计不等于总价时,应以各子目合价累计数为准,修正总价。

3.1.4 工程量清单中的投标报价有其他错误的,评标委员会按以下原则对投标报价进行修正,修正的价格经投标人书面确认后具有约束力。投标人不接受修正价格的,其投标作废标处理,并没收其投标担保。

(1) 在招标人给定的工程量清单中漏报了某个工程子目的单价、合价或总额价,或所报单价、合价或总额价减少了报价范围,则漏报的工程子目单价、合价和总额价或单价、合价和总额价中减少的报价内容视为已含入其他工程子目的单价、合价和总额价之中。

(2)在招标人给定的工程量清单中多报了某个工程子目的单价、合价或总额价,或所报单价、合价或总额价增加了报价范围,则从投标报价中扣除多报的工程子目报价或工程子目报价中增加了报价范围的部分报价。

(3)当单价与数量的乘积与合价(金额)虽然一致,但投标人修改了该子目的工程数量,则其合价按招标人给定的工程数量乘以投标人所报单价予以修正。

3.1.5 修正后的最终投标报价若超过投标控制价上限(如有),投标人的投标文件作废标处理。

3.1.6 修正后的最终投标报价仅作为签订合同的一个依据,不参与评标价得分的计算。

3.2 详细评审

3.2.1

3.2.2

3.2.3

3.2.4

3.3 投标文件的澄清和补正

3.3.1

3.3.2

3.3.3

3.3.4 凡超出招标文件规定的或给发包人带来未曾要求的利益的变化、偏差或其他因素在评标时不予考虑。

3.4 评标结果

3.4.1

3.4.2

注:招标人采用合理低价法时,也可采用双信封形式,即:投标文件应采用双信封密封,第一个信封内为商务及技术文件,第二个信封内为投标报价和工程量清单,在开标前同时提交给招标人。

招标评标程序简介如下:

(1)招标人按照第二章"投标人须知"第5.2.1项~第5.2.3项的规定对投标文件第一个信封(商务及技术文件)进行开标。

(2)评标委员会首先对投标文件第一个信封(商务及技术文件)进行评审,确定通过投标文件第一个信封(商务及技术文件)评审的投标人名单。

(3)招标人按照第二章"投标人须知"第5.2.4项~第5.2.6项的规定对通过投标文件第一个信封(商务及技术文件)评审的投标文件第二个信封(投标报价和工程量清单)进行开标。

(4)评标委员会对投标文件第二个信封(投标报价和工程量清单)进行评审并推荐中标候选人。

需要注意的问题:

(1)招标人采用双信封形式的合理低价法时,应使用第二章"投标人须知"中有关采用双信封形式的相关条款。招标人不得修改"投标人须知"正文及"评标办法"正文,但可修改"投标人须知"前附表、"评标办法"前附表、招标公告/投标邀请书、开标记录表、投标文件格式等与双信封形式有关的内容。

(2)投标文件第一个信封(商务及技术文件)不得出现有关投标报价的内容,否则评标委员会将对投标文件第一个信封(商务及技术文件)作废标处理。

第三章　评标办法(综合评估法)①

评标办法前附表②

条款号		评审因素与评审标准
2.1.1 2.1.3	形式评审与响应性评审标准	(1)投标文件按照招标文件规定的格式、内容填写,字迹清晰可辨: a.投标函按招标文件规定填报了投标价、工期及工程质量目标; b.投标函附录的所有数据均符合招标文件规定; c.已标价工程量清单说明及承诺函文字与招标文件规定一致,未进行修改和删减; d.按照招标文件规定的格式、内容编制了施工组织设计及项目管理机构相关图表; e.投标文件组成齐全完整,内容均按规定填写。 (2)投标文件上法定代表人或其授权代理人的签字、投标人的单位章盖章齐全,符合招标文件规定: 投标函及投标函附录、承诺函、已标价工程量清单(包括工程量清单说明、投标报价说明、计日工说明、其他说明及工程量清单各项表格 <工程量清单表 5.1 ~ 表5.5>)、调价函及调价后的工程量清单(如有)的内容应由投标人的法定代表人或其委托代理人逐页签署姓名(本页正文内容已由投标人的法定代表人或其委托代理人签署姓名的可不签署)并逐页加盖投标人单位章(本页正文内容已加盖单位章的除外)。 (3)与申请资格预审时比较,投标人资格没有实质性下降: a.通过资格预审后法人名称变更时,应提供相关部门的合法批件及企业法人营业执照和资质证书的副本变更记录复印件; b.资格没有实质性下降,指投标人仍然满足资格预审中的最低要求(业绩、人员、财务等)。 (4)投标人按照招标文件规定的金额、形式、时效和内容提供了投标担保: a.投标担保金额符合招标文件规定的金额; b.若采用电汇,投标人在投标人须知前附表规定的时间之前,将投标保证金由投标人的基本账户一次性汇入招标人指定账户; c.若采用银行保函,银行保函的格式、开具保函的银行、银行保函的有效期均满足招标文件要求,且银行保函原件装订在投标文件的正本之中。 (5)投标人法定代表人的授权代理人,需提交附有法定代表人身份证明的授权委托书,并符合下列要求: a.授权人和被授权人均在授权书上签名,未使用印章、签名章或其他电子制版签名;

① “综合评估法”即《公路工程施工招标投标管理办法》中规定的“综合评估法”。本办法仅适用于技术特别复杂的特大桥梁和长大隧道工程。

② “评标办法前附表”用于明确评标的方法、因素、标准和程序。招标人应根据招标项目具体特点和实际需要,详细列明全部评审因素、标准,没有列明的因素和标准不得作为评标的依据。

续上表

条款号		评审因素与评审标准
2.1.1 2.1.3	形式评审与响应性评审标准	b.附有公证机关出具的加盖钢印、单位章并盖有公证员签名章的公证书,钢印应清晰可辨,同时公证内容完全满足招标文件规定; c.公证书出具的日期与授权书出具的日期同日或在其之后。 (6)投标人法定代表人若亲自签署投标文件的,提供了法定代表人身份证明,并符合下列要求: a.法定代表人在法定代表人身份证明上签名,未使用印章、签名章或其他电子制版签名; b.附有公证机关出具的加盖钢印、单位章并盖有公证员签名章的公证书,钢印应清晰可辨,同时公证内容完全满足招标文件规定; c.公证书出具的日期与法定代表人身份证明出具的日期同日或在其之后。 (7)投标人以联合体形式投标时,联合体协议书满足招标文件的要求: a.未进行资格预审的,投标人按照招标文件提供的格式签订了联合体协议书,并明确了联合体牵头人; b.进行资格预审的,投标人提供了资格预审申请文件中所附的联合体协议书复印件。 (8)投标人如有分包计划,应按第八章“投标文件格式”的要求填写“拟分包项目情况表”,且专业分包的工程量累计未超过总工程量的30%。 (9)一份投标文件应只有一个投标报价,在招标文件没有规定的情况下,未提交选择性报价。 (10)投标人若提交调价函,调价函符合招标文件要求。 (11)投标人若填写工程量固化清单,填写完毕的工程量固化清单未对工程量固化清单电子文件中的数据、格式和运算定义进行修改。 (12)投标文件载明的招标项目完成期限未超过招标文件规定的时限。 (13)投标文件未附有招标人不能接受的条件。 (14)权利义务符合招标文件规定: a.投标人应接受招标文件规定的风险划分原则,未提出新的风险划分办法; b.投标人未增加发包人的责任范围,或减少投标人义务; c.投标人未提出不同的工程验收、计量、支付办法; d.投标人对合同纠纷、事故处理办法未提出异议; e.投标人在投标活动中无欺诈行为; f.投标人未对合同条款有重要保留。 ……
2.1.2	资格评审标准①	(1)投标人具备有效的营业执照、资质证书和安全生产许可证和基本账户开户许可证; (2)投标人的资质等级符合招标文件规定; (3)投标人的财务状况符合招标文件规定; (4)投标人的类似项目业绩符合招标文件规定; (5)投标人的信誉符合招标文件规定; (6)投标人的项目经理(包括备选人)和项目总工(包括备选人)资格符合招

① 本项适用于未进行资格预审的情况。

续上表

条款号		评审因素与评审标准
2.1.2	资格评审标准	标文件规定; (7)投标人的其他要求符合招标文件规定;① (8)投标人不存在第二章"投标人须知"第 1.4.3 项规定的任何一种情形; ……

条款号	条款内容	编 列 内 容
2.2.1	分值构成(总分 100 分)	施工组织设计:______分 项目管理机构:______分 评标价:______分 财务能力:______分 业绩:______分 履约信誉:______分 其他:______分
2.2.2	评标基准价计算方法	评标基准价的计算: 在开标现场,招标人将当场计算并宣布评标基准价。 (1)评标价的确定: 方法一:评标价 = 投标函文字报价 方法二:评标价 = 投标函文字报价 - 暂估价 - 暂列金额(不含计日工总额) (2)评标价平均值的计算: 除按第二章"投标人须知"第 5.2.2 项规定开标现场被宣布为废标的投标报价之外,所有投标人的评标价去掉一个最高值和一个最低值后的算术平均值即为评标价平均值(如果参与评标价平均值计算的有效投标人少于 5 家时,则计算评标价平均值时不去掉最高值和最低值)。 (3)评标基准价的确定②: 方法一:将评标价平均值直接作为评标基准价。 方法二:将评标价平均值下浮____%,作为评标基准价。 方法三:招标人设置评标基准价系数,由投标人代表或监标人现场抽取,评标价平均值乘以现场抽取的评标基准价系数作为评标基准价。 方法四:…… 如果投标人认为某一标段的评标基准价计算有误,有权在开标现场提出,经监标人当场核实确认之后,可重新宣布评标基准价。确认后的评标基准价在整个评标期间保持不变,不随通过初步评审和详细评审的投标人的数量发生变化
2.2.3	评标价的偏差率计算公式	偏差率 = 100% ×(投标人评标价 - 评标基准价)/评标基准价

① 对于采用综合评估法进行评标的技术特别复杂的特大桥梁和长大隧道工程,还应对其他主要管理人员和技术人员以及主要机械设备和试验检测设备进行资格评审。

② 招标人可依据招标项目特点和实际需要,选择或制定适合项目的评标基准价计算方法。

续上表

评分因素与权重分值①					评分标准②
条款号	评分因素	评分因素权重分值	各评分因素细分项	分值	
2.2.4(1)	施工组织设计	____分	总体施工组织布置及规划	____分	……
			主要工程项目的施工方案、方法与技术措施	____分	……
			工期保证体系及保证措施	____分	……
			工程质量管理体系及保证措施	____分	……
			安全生产管理体系及保证措施	____分	……
			环境保护、水土保持保证体系及保证措施	____分	……
			文明施工、文物保护保证体系及保证措施	____分	……
			项目风险预测与防范,事故应急预案	____分	……
			……	____分	……
2.2.4(2)	项目管理机构③	____分	项目经理任职资格与业绩	____分	……
			项目总工任职资格与业绩	____分	……
			……	____分	……
2.2.4(3)	评标价④	____分	评标价得分计算公式示例: (1)如果投标人的评标价 > 评标基准价,则评标价得分 = F − 偏差率 ×100 × E_1; (2)如果投标人的评标价 ≤ 评标基准价,则评标价得分 = F + 偏差率 × 100 × E_2。 其中:F 是评标价所占的权重分值;E_1 是评标价每高于评标基准价一个百分点的扣分值;E_2 是评标价每低于评标基准价一个百分点的扣分值。招标人可依据招标项目具体特点和实际需要设置 E_1、E_2,但 E_1 应大于 E_2		

① 招标人应根据项目具体情况确定各评分因素及评分因素权重分值,并对各评分因素进行细分(如有)、确定各评分因素细分项的分值,各评分因素权重分值合计应为 100 分。各评分因素(评标价除外)得分均不应低于其权重分值的60%,且各评分因素得分应以评标委员会各成员的打分平均值确定,该平均值以去掉一个最高和一个最低分后计算。

② 招标人应列明各评分因素或各评分因素细分项(如有)的评分标准并作为评标委员会进行评分的依据。

③ 对于采用综合评估法进行评标的技术特别复杂的特大桥梁和长大隧道工程,还应将其他主要管理人员和技术人员列为项目管理机构的评分因素进行评分。

④ 评标价所占权重不应低于 50%。

续上表

<table>
<tr><th colspan="6">评分因素与权重分值</th><th rowspan="2">评分标准</th></tr>
<tr><th>条款号</th><th colspan="2">评分因素</th><th>评分因素权重分值</th><th>各评分因素细分项</th><th>分值</th></tr>
<tr><td rowspan="10">2.2.4(4)</td><td rowspan="10">其他因素</td><td rowspan="2">财务能力</td><td rowspan="2">____分</td><td>……</td><td>____分</td><td>……</td></tr>
<tr><td>……</td><td>____分</td><td>……</td></tr>
<tr><td rowspan="2">设备配置</td><td rowspan="2">____分</td><td>……</td><td>____分</td><td>……</td></tr>
<tr><td>……</td><td>____分</td><td>……</td></tr>
<tr><td rowspan="2">业绩</td><td rowspan="2">____分</td><td>……</td><td>____分</td><td>……</td></tr>
<tr><td>……</td><td>____分</td><td>……</td></tr>
<tr><td rowspan="2">履约信誉①</td><td rowspan="2">____分</td><td>……</td><td>____分</td><td>……</td></tr>
<tr><td>……</td><td>____分</td><td>……</td></tr>
<tr><td rowspan="2">……</td><td rowspan="2">____分</td><td>……</td><td>____分</td><td>……</td></tr>
<tr><td>……</td><td>____分</td><td>……</td></tr>
<tr><td colspan="7">需要补充的其他内容:
……</td></tr>
</table>

① 招标人可结合招标项目所在地省级交通主管部门对投标人的信用评级对其履约信用进行评分,但不得任意设置歧视性条款并不得任意设立行政许可。

1. 评标方法

本次评标采用综合评估法。评标委员会对满足招标文件实质性要求的投标文件，按照本章第2.2款规定的评分标准进行打分，并按得分由高到低顺序推荐中标候选人，或根据招标人授权直接确定中标人，但投标报价低于其成本的除外。综合评分相等时，以投标报价低的优先；投标报价也相等的，招标人可采用被招标项目所在地省级交通主管部门评为较高信用等级的投标人优先或递交投标文件时间较前的投标人优先或其他方法确定第一中标候选人。

2. 评审标准

2.1　初步评审标准

2.1.1

2.1.2

2.1.2

2.1.3

2.2　分值构成与评分标准

2.2.1

2.2.2

2.2.3

2.2.4

3. 评标程序

3.1　初步评审

3.1.1

3.1.2

3.1.3[①]　投标报价有算术错误的，评标委员会按以下原则对投标报价进行修正，修正的价格经投标人书面确认后具有约束力。投标人不接受修正价格的，其投标作废标处理，并没收其投标担保。

① 如本项目招标采用第二章"投标人须知"第3.2.1项(2)目规定的由投标人按照招标人提供的工程量清单填写本合同各工程子目的单价、合价和总额价方式，则评标委员会按照本章第3.1.3项和第3.1.4项的规定对投标人的投标报价进行修正。如本项目招标采用第二章"投标人须知"第3.2.1项(1)目规定的投标人按照招标人提供的工程量固化清单电子文件填写工程量清单的，无须按照本章第3.1.3项和第3.1.4项的规定对投标报价进行修正，第3.1.3项～第3.1.6项内容不适用。

(1)投标文件中的大写金额与小写金额不一致的,以大写金额为准;

(2)总价金额与依据单价计算出的结果不一致的,以单价金额为准修正总价,但单价金额小数点有明显错误的除外;

(3)当单价与数量相乘不等于合价时,以单价计算为准,如果单价有明显的小数点位置差错,应以标出的合价为准,同时对单价予以修正;

(4)当各子目的合价累计不等于总价时,应以各子目合价累计数为准,修正总价。

3.1.4 工程量清单中的投标报价有其他错误的,评标委员会按以下原则对投标报价进行修正,修正的价格经投标人书面确认后具有约束力。投标人不接受修正价格的,其投标作废标处理,并没收其投标担保。

(1) 在招标人给定的工程量清单中漏报了某个工程子目的单价、合价或总额价,或所报单价、合价或总额价减少了报价范围,则漏报的工程子目单价、合价和总额价或单价、合价和总额价中减少的报价内容视为已含入其他工程子目的单价、合价和总额价之中。

(2)在招标人给定的工程量清单中多报了某个工程子目的单价、合价或总额价,或所报单价、合价或总额价增加了报价范围,则从投标报价中扣除多报的工程子目报价或工程子目报价中增加了报价范围的部分报价。

(3)当单价与数量的乘积与合价(金额)虽然一致,但投标人修改了该子目的工程数量,则其合价按招标人给定的工程数量乘以投标人所报单价予以修正。

3.1.5 修正后的最终投标报价若超过投标控制价上限(如有),投标人的投标文件作废标处理。

3.1.6 修正后的最终投标报价仅作为签订合同的一个依据,不参与评标价得分的计算。

3.2 详细评审

3.2.1

3.2.2

3.2.3

3.2.4

3.3 投标文件的澄清和补正

3.3.1

3.3.2

3.3.3

3.3.4 凡超出招标文件规定的或给发包人带来未曾要求的利益的变化、偏差或其他因素在评标时不予考虑。

3.4 评标结果

3.4.1

3.4.2

注:招标人采用综合评估法时,也可采用双信封形式,即:投标文件应采用双信封密封,第一个信封内为商务及技术文件,第二个信封内为投标报价和工程量清单,在开标前同时提交给招标人。

招标评标程序简介如下:

(1)招标人按照第二章"投标人须知"第5.2.1项~第5.2.3项的规定对投标文件第一个信封(商务及技术文件)进行开标。

(2)评标委员会首先对投标文件第一个信封(商务及技术文件)进行评审,确定通过投标文件第一个信封(商务及技术文件)评审的投标人名单,并对通过评审的投标文件第一个信封(商务及技术文件)进行综合评分。

(3)招标人按照第二章"投标人须知"第5.2.4项~第5.2.6项的规定对通过投标文件第一个信封(商务及技术文件)评审的投标文件第二个信封(投标报价和工程量清单)进行开标。

(4)评标委员会对投标文件第二个信封(投标报价和工程量清单)进行评审及综合评分,并推荐中标候选人。

需要注意的问题:

(1)招标人采用双信封形式的综合评估法时,应使用第二章"投标人须知"中有关采用双信封形式的相关条款。招标人不得修改"投标人须知"正文及"评标办法"正文,但可修改"投标人须知"前附表、"评标办法"前附表、招标公告/投标邀请书、开标记录表、投标文件格式等与双信封形式有关的内容。

(2)投标文件第一个信封(商务及技术文件)不得出现有关投标报价的内容,否则评标委员会将对投标文件第一个信封(商务及技术文件)作废标处理。

第三章 评标办法(经评审的最低投标价法)[①]

评标办法前附表[②]

条款号		评审因素与标准
2.1.1 2.1.3	形式评审与响应性评审标准	(1)投标文件按照招标文件规定的格式、内容填写,字迹清晰可辨: a.投标函按招标文件规定填报了投标价、工期及工程质量目标; b.投标函附录的所有数据均符合招标文件规定; c.已标价工程量清单说明及承诺函文字与招标文件规定一致,未进行修改和删减; d.按照招标文件规定的格式、内容编制了施工组织设计及项目管理机构相关图表; e.投标文件组成齐全完整,内容均按规定填写。 (2)投标文件上法定代表人或其授权代理人的签字、投标人的单位章盖章齐全,符合招标文件规定: 投标函及投标函附录、承诺函、已标价工程量清单(包括工程量清单说明、投标报价说明、计日工说明、其他说明及工程量清单各项表格 < 工程量清单表5.1~表5.5 >)、调价函及调价后的工程量清单(如有)的内容应由投标人的法定代表人或其委托代理人逐页签署姓名(本页正文内容已由投标人的法定代表人或其委托代理人签署姓名的可不签署)并逐页加盖投标人单位章(本页正文内容已加盖单位章的除外)。 (3)与申请资格预审时比较,投标人资格没有实质性下降: a.通过资格预审后法人名称变更时,应提供相关部门的合法批件及企业法人营业执照和资质证书的副本变更记录复印件; b.资格没有实质性下降,指投标人仍然满足资格预审中的最低要求(业绩、人员、财务等)。 (4)投标人按照招标文件规定的金额、形式、时效和内容提供了投标担保: a.投标担保金额符合招标文件规定的金额; b.若采用电汇,投标人在投标人须知前附表规定的时间之前,将投标保证金由投标人的基本账户一次性汇入招标人指定账户; c.若采用银行保函,银行保函的格式、开具保函的银行、银行保函的有效期均满足招标文件要求,且银行保函原件装订在投标文件的正本之中。 (5)投标人法定代表人的授权代理人,需提交附有法定代表人身份证明的授权委托书,并符合下列要求:

① "经评审的最低投标价法"即《公路工程施工招标投标管理办法》中规定的"最低评标价法"。使用世界银行、亚洲开发银行等国际金融组织贷款的项目和工程规模较小、技术含量较低的工程采用经评审的最低投标价法进行评标。

② "评标办法前附表"用于明确评标的方法、因素、标准和程序。招标人应根据招标项目具体特点和实际需要,详细列明全部评审因素、标准,没有列明的因素和标准不得作为评标的依据。

续上表

条款号		评审因素与标准
2.1.1 2.1.3	形式评审与响应性评审标准	a. 授权人和被授权人均在授权书上签名,未使用印章、签名章或其他电子制版签名; b. 附有公证机关出具的加盖钢印、单位章并盖有公证员签名章的公证书,钢印应清晰可辨,同时公证内容完全满足招标文件规定; c. 公证书出具的日期与授权书出具的日期同日或在其之后。 (6)投标人法定代表人若亲自签署投标文件的,提供了法定代表人身份证明,并符合下列要求: a. 法定代表人在法定代表人身份证明上签名,未使用印章、签名章或其他电子制版签名; b. 附有公证机关出具的加盖钢印、单位章并盖有公证员签名章的公证书,钢印应清晰可辨,同时公证内容完全满足招标文件规定; c. 公证书出具的日期与法定代表人身份证明出具的日期同日或在其之后。 (7)投标人以联合体形式投标时,联合体协议书满足招标文件的要求: a. 未进行资格预审的,投标人按照招标文件提供的格式签订了联合体协议书,并明确了联合体牵头人; b. 进行资格预审的,投标人提供了资格预审申请文件中所附的联合体协议书复印件。 (8)投标人如有分包计划,应按第八章“投标文件格式”的要求填写“拟分包项目情况表”,且专业分包的工程量累计未超过总工程量的30%。 (9)一份投标文件应只有一个投标报价,在招标文件没有规定的情况下,未提交选择性报价。 (10)投标人若提交调价函,调价函符合招标文件要求。 (11)投标人若填写工程量固化清单,填写完毕的工程量固化清单未对工程量固化清单电子文件中的数据、格式和运算定义进行修改。 (12)投标文件载明的招标项目完成期限未超过招标文件规定的时限。 (13)投标文件未附有招标人不能接受的条件。 (14)权利义务符合招标文件规定: a. 投标人应接受招标文件规定的风险划分原则,未提出新的风险划分办法; b. 投标人未增加发包人的责任范围,或减少投标人义务; c. 投标人未提出不同的工程验收、计量、支付办法; d. 投标人对合同纠纷、事故处理办法未提出异议; e. 投标人在投标活动中无欺诈行为; f. 投标人未对合同条款有重要保留。 ……
2.1.2	资格评审标准①	(1)投标人具备有效的营业执照、资质证书和安全生产许可证和基本账户开户许可证; (2)投标人的资质等级符合招标文件规定; (3)投标人的财务状况符合招标文件规定; (4)投标人的类似项目业绩符合招标文件规定;

① 本项适用于未进行资格预审的情况。

续上表

<table>
<tr><th colspan="2">条款号</th><th colspan="2">评审因素与标准</th></tr>
<tr><td>2.1.2</td><td>资格评审标准</td><td colspan="2">(5)投标人的信誉符合招标文件规定；
(6)投标人的项目经理(包括备选人)和项目总工(包括备选人)资格符合招标文件规定；
(7)投标人的其他要求符合招标文件规定；
(8)投标人不存在第二章“投标人须知”第1.4.3项规定的任何一种情形；
……</td></tr>
<tr><td>2.1.4</td><td>施工组织设计和项目管理机构评审标准</td><td colspan="2">无</td></tr>
<tr><th colspan="2">条款号</th><th>量化因素</th><th>量化标准</th></tr>
<tr><td>2.2</td><td>详细评审标准</td><td>评标价计算</td><td>经评审的投标价(评标价)=修正后的投标报价-修正后的暂估价-修正后的暂列金额(不含计日工总额)①</td></tr>
<tr><td colspan="4">需要补充的其他内容：
……</td></tr>
</table>

① 如本项目招标采用第二章“投标人须知”第3.2.1项(1)目规定的投标人按照招标人提供的工程量固化清单电子文件填写工程量清单的，无须按照本章第3.1.3项和第3.1.4项的规定对投标报价进行修正，经评审的投标价(评标价)=投标函文字报价-暂估价-暂列金额(不含计日工总额)。

1. 评标方法

本次评标采用经评审的最低投标价法。评标委员会对满足招标文件实质要求的投标文件,根据本章第2.2款规定的量化因素及量化标准进行价格折算,按照经评审的投标价由低到高的顺序推荐中标候选人,或根据招标人授权直接确定中标人,但投标报价低于其成本的除外。经评审的投标价相等时,投标报价低的优先;投标报价也相等的,招标人可采用被招标项目所在地省级交通主管部门评为较高信用等级的投标人优先或递交投标文件时间较前的投标人优先或其他方法确定第一中标候选人。

2. 评审标准

2.1　初步评审标准

2.1.1

2.1.2

2.1.2

2.1.3

2.1.4

2.2　详细评审标准

3. 评标程序

3.1　初步评审

3.1.1

3.1.2

3.1.3[①]　投标报价有算术错误的,评标委员会按以下原则对投标报价进行修正,修正的价格经投标人书面确认后具有约束力。投标人不接受修正价格的,其投标作废标处理,并没收其投标担保。

(1)投标文件中的大写金额与小写金额不一致的,以大写金额为准;

(2)总价金额与依据单价计算出的结果不一致的,以单价金额为准修正总价,但单价金额小数点有明显错误的除外;

---

① 如本项目招标采用第二章“投标人须知”第3.2.1项(2)目规定的由投标人按照招标人提供的工程量清单填写本合同各工程子目的单价、合价和总额价方式,则评标委员会按照本章第3.1.3项和第3.1.4项的规定对投标人的投标报价进行修正。如本项目招标采用第二章“投标人须知”第3.2.1项(1)目规定的投标人按照招标人提供的工程量固化清单电子文件填写工程量清单的,无须按照本章第3.1.3项和第3.1.4项的规定对投标报价进行修正,第3.1.3项～第3.1.5项内容不适用。

(3)当单价与数量相乘不等于合价时,以单价计算为准,如果单价有明显的小数点位置差错,应以标出的合价为准,同时对单价予以修正;

(4)当各子目的合价累计不等于总价时,应以各子目合价累计数为准,修正总价。

3.1.4 工程量清单中的投标报价有其他错误的,评标委员会按以下原则对投标报价进行修正,修正的价格经投标人书面确认后具有约束力。投标人不接受修正价格的,其投标作废标处理,并没收其投标担保。

(1)在招标人给定的工程量清单中漏报了某个工程子目的单价、合价或总额价,或所报单价、合价或总额价减少了报价范围,则漏报的工程子目单价、合价和总额价或单价、合价和总额价中减少的报价内容视为已含入其他工程子目的单价、合价和总额价之中。

(2)在招标人给定的工程量清单中多报了某个工程子目的单价、合价或总额价,或所报单价、合价或总额价增加了报价范围,则从投标报价中扣除多报的工程子目报价或工程子目报价中增加了报价范围的部分报价。

(3)当单价与数量的乘积与合价(金额)虽然一致,但投标人修改了该子目的工程数量,则其合价按招标人给定的工程数量乘以投标人所报单价予以修正。

3.1.5 修正后的最终投标报价若超过投标控制价上限(如有),投标人的投标文件作废标处理。

3.2 详细评审

3.2.1

3.2.2

3.3 投标文件的澄清和补正

3.3.1

3.3.2

3.3.3

3.3.4 凡超出招标文件规定的或给发包人带来未曾要求的利益的变化、偏差或其他因素在评标时不予考虑。

3.4 评标结果

3.4.1

3.4.2

注:招标人采用经评审的最低投标价法时,也可采用双信封形式,即:投标文件应采用双信封密封,第一个信封内为商务及技术文件,第二个信封内为投标报价和工程量清单,在开标前同时提交给招标人。

招标评标程序简介如下:

(1)招标人按照第二章“投标人须知”第5.2.1项~第5.2.3项的规定对投标文件第一个信封(商务及技术文件)进行开标。

(2)评标委员会首先对投标文件第一个信封(商务及技术文件)进行评审,确定通过投标文件第一个信封(商务及技术文件)评审的投标人名单。

(3)招标人按照第二章“投标人须知”第5.2.4项~第5.2.6项的规定对通过投标文件第一个信封(商务及技术文件)评审的投标文件第二个信封(投标报价和工程量清单)进行开标。

(4)评标委员会对投标文件第二个信封(投标报价和工程量清单)进行评审并推荐中标候选人。

需要注意的问题:

(1)招标人采用双信封形式的经评审的最低投标价法时,应使用第二章“投标人须知”中有关采用双信封形式的相关条款。招标人不得修改“投标人须知”正文及“评标办法”正文,但可修改“投标人须知”前附表、“评标办法”前附表、招标公告/投标邀请书、开标记录表、投标文件格式等与双信封形式有关的内容。

(2)投标文件第一个信封(商务及技术文件)不得出现有关投标报价的内容,否则评标委员会将对投标文件第一个信封(商务及技术文件)作废标处理。

第四章　合同条款及格式

第一节　通用合同条款

“通用合同条款”采用《标准施工招标文件》的“通用合同条款”。

第二节　专用合同条款

A. 公路工程专用合同条款

1. 一般约定

1.1 词语定义

1.1.1 合同

第1.1.1.6目细化为:

技术规范:指本合同所约定的技术标准和要求,是合同文件的组成部分。通用合同条款中"技术标准和要求"一词具有相同含义。

第1.1.1.8目细化为:

已标价工程量清单:指构成合同文件组成部分的已标明价格、经算术性错误修正及其他错误修正(如有)且承包人已确认的最终的工程量清单,包括工程量清单说明、投标报价说明、计日工说明、其他说明及工程量清单各项表格(工程量清单表5.1~表5.5)。

本项补充第1.1.1.10目:

1.1.1.10 补遗书:指发出招标文件之后由招标人向已取得招标文件的投标人发出的、编号的对招标文件所作的澄清、修改书。

1.1.2 合同当事人和人员

本项补充第1.1.2.8目:

1.1.2.8 承包人项目总工:指由承包人书面委派常驻现场负责管理本合同工程的总工程师或技术总负责人。

1.1.3 工程和设备

第1.1.3.4目细化为:

单位工程:指在建设项目中,根据签订的合同,具有独立施工条件的工程。

第1.1.3.10目细化为:

永久占地:指为实施本合同工程而需要的一切永久占用的土地,包括公路两侧路权范围内的用地。

第1.1.3.11目细化为:

临时占地:指为实施本合同工程而需要的一切临时占用的土地,包括施工所用的临时支线、便道、便桥和现场的临时出入通道,以及生产(办公)、生活等临时设施用地等。

本项补充第1.1.3.12目、第1.1.3.13目:

1.1.3.12 分部工程:指在单位工程中,按结构部位、路段长度及施工特点或施工任务划分的若干个工程。

1.1.3.13 分项工程:指在分部工程中,按不同的施工方法、材料、工序及路段长度等划分的若干个工程。

1.1.6 其他

本项补充第1.1.6.2目～第1.1.6.8目：

1.1.6.2　竣工验收：指《公路工程竣（交）工验收办法》中的竣工验收。通用合同条款中“国家验收”一词具有相同含义。

1.1.6.3　交工：指《公路工程竣（交）工验收办法》中的交工。通用合同条款中“竣工”一词具有相同含义。

1.1.6.3　交工验收：指《公路工程竣（交）工验收办法》中的交工验收。通用合同条款中“竣工验收”一词具有相同含义。

1.1.6.4　交工验收证书：指《公路工程竣（交）工验收办法》中的交工验收证书。通用合同条款中“工程接收证书”一词具有相同含义。

1.1.6.5　转包：指承包人违反法律和不履行合同规定的责任和义务，将中标工程全部委托或以专业分包的名义将中标工程肢解后全部委托给其他施工企业施工的行为。

1.1.6.6　专业分包：指承包人与具有相应资质的施工企业签订专业分包合同，由分包人承担承包人委托的分部工程、分项工程或适合专业化队伍施工的其他工程，整体结算，并能独立控制工程质量、施工进度、材料采购、生产安全的施工行为。

1.1.6.7　劳务分包：指承包人与具有劳务分包资质的劳务企业签订劳务分包合同，由劳务企业提供劳务人员及机具，由承包人统一组织施工，统一控制工程质量、施工进度、材料采购、生产安全的施工行为。

1.1.6.8　雇佣民工：指承包人与具有相应劳动能力的自然人签订劳动合同，由承包人统一组织管理，从事分项工程施工或配套工程施工的行为。

1.4　合同文件的优先顺序

本款约定为：

组成合同的各项文件应互相解释，互为说明。除项目专用合同条款另有约定外，解释合同文件的优先顺序如下：

（1）合同协议书及各种合同附件（含评标期间和合同谈判过程中的澄清文件和补充资料）；

（2）中标通知书；

（3）投标函及投标函附录；

（4）项目专用合同条款；

（5）公路工程专用合同条款；

（6）通用合同条款；

（7）技术规范；

（8）图纸；

（9）已标价工程量清单；

（10）承包人有关人员、设备投入的承诺及投标文件中的施工组织设计；

(11)其他合同文件。

1.5 合同协议书

本款补充:

制备本合同文件的费用由发包人承担。在合同协议书签订并生效之前,投标函和中标通知书将对双方具有约束力。

1.6 图纸和承包人文件

1.6.1 图纸的提供

本项细化为:

监理人应在发出中标通知书之后 42 天内,向承包人免费提供由发包人或其委托的设计单位设计的施工图纸、技术规范和其他技术资料 2 份,并向承包人进行技术交底。承包人需要更多份数时,应自费复制。由于发包人未按时提供图纸造成工期延误的,按第 11.3 款的约定办理。

1.6.2 承包人提供的文件

本项细化为:

有下列情形之一的,承包人应免费向监理人提交相关部分工程的施工图纸 3 份,并附必要的计算书、技术资料,或施工工艺图、设备安装图及安装设备的使用和维护手册各 2 份供监理人批准。

(1)为使第 1.6.1 项所述的施工图纸适合于经施工测量后的纵、横断面;

(2)为使第 1.6.1 项所述的施工图纸适合于现场具体地形;

(3)为使第 1.6.1 项所述的施工图纸适合于因尺寸与位置变化而引起局部变更;

(4)由于合同要求与施工需要。

此类图纸应按监理人规定的格式和图幅绘制。监理人在收到由承包人绘制的上述工程、工艺图纸、计算书和有关技术资料后 14 天内应予批准或提出修改要求,承包人应按监理人提出的要求做出修改,重新向监理人提交,监理人应在 7 天内批准或提出进一步的修改意见。

1.6.4 图纸的错误

本项细化为:

当承包人在查阅合同文件或在本合同工程实施过程中,发现有关的工程设计、技术规范、图纸或其他资料中的任何差错、遗漏或缺陷后,应及时通知监理人。监理人接到该通知后,应立即就此做出决定,并通知承包人和发包人。

1.9 严禁贿赂

本款补充:

在合同执行过程中,发包人和承包人应严格履行《廉政合同》约定的双方在廉政建设方面的权利和义务以及应承担的违约责任。承包人如果用行贿、送礼或其他不正当手段企图影响或已经影响了发包人或监理人的行为和(或)欲获得或已获得超出合同规定以外的额外费用,则发包人应按有关法纪严肃处理当事人,且承包人应对其上述行为造成的工程损害、发包人的经济损失等承担一切责任,并予赔偿。情节严重者,发包人有权终止承包人在本合同项下的承包。

2. 发包人义务

2.3　提供施工场地

本款补充:

发包人负责办理永久占地的征用及与之有关的拆迁赔偿手续并承担相关费用。承包人在按第 10 条规定提交施工进度计划的同时,应向监理人提交一份按施工先后次序所需的永久占地计划。监理人应在收到此计划后的 14 天内审核并转报发包人核备。发包人应在监理人发出本工程或分部工程开工通知之前,对承包人开工所需的永久占地办妥征用手续和相关拆迁赔偿手续,通知承包人使用,以使承包人能够及时开工;此后按承包人提交并经监理人同意的合同进度计划的安排,分期(也可以一次)将施工所需的其余永久占地办妥征用以及拆迁赔偿手续,通知承包人使用,以使承包人能够连续不间断地施工。由于承包人施工考虑不周或措施不当等原因而造成的超计划占地或拆迁等所发生的征用和赔偿费用,应由承包人承担。

由于发包人未能按照本项规定办妥永久占地征用手续,影响承包人及时使用永久占地造成的费用增加和(或)工期延误应由发包人承担。由于承包人未能按照本项规定提交占地计划,影响发包人办理永久占地征用手续造成的费用增加和(或)工期延误由承包人承担。

3. 监理人

3.1　监理人的职责和权力

第 3.1.1 项补充:

监理人在行使下列权力前需要经发包人事先批准:

(1)根据第 4.3 款,同意分包本工程的某些非主体和非关键性工作;

(2)确定第 4.11 款下产生的费用增加额;

(3)根据第 11.1 款、第 12.3 款、第 12.4 款发布开工通知、暂停施工指示或复工通知;

(4)决定第 11.3 款、第 11.4 款下的工期延长;

(5)审查批准技术规范或设计的变更;

(6)根据第 15.3 款发出的变更指示,其单项工程变更或累计变更涉及的金额超过

了项目专用合同条款数据表中规定的金额;

(7)确定第 15.4 款下变更工作的单价;

(8)按照第 15.6 款决定有关暂列金额的使用;

(9)确定第 15.8 款项下的暂估价金额;

(10)确定第 23.1 款项下的索赔额。

如果发生紧急情况,监理人认为将造成人员伤亡,或危及本工程或邻近的财产需立即采取行动,监理人有权在未征得发包人的批准的情况下发布处理紧急情况所必需的指令,承包人应予执行,由此造成的费用增加由监理人按第 3.5 款商定或确定。

3.5 商定或确定

第 3.5.1 项补充:

如果这项商定或确定导致费用增加和(或)工期延长,或者涉及确定变更工程的价格,则总监理工程师在发出通知前,应征得发包人的同意。

4. 承包人

4.1 承包人的一般义务

4.1.9 工程的维护和照管

本项细化为:

(1)交工验收证书颁发前,承包人应负责照管和维护工程及将用于或安装在本工程中的材料、设备。交工验收证书颁发时尚有部分未交工工程的,承包人还应负责该未交工工程、材料、设备的照管和维护工作,直至交工后移交给发包人为止。

(2)在承包人负责照管与维护期间,如果本工程或材料、设备等发生损失或损害,除不可抗力原因之外,承包人均应自费弥补,并达到合同要求。承包人还应对按第 19 条规定而实施作业的过程中由承包人造成的对工程的任何损失或损害负责。

4.1.10 其他义务

本项细化为:

(1) 临时占地由承包人向当地政府土地管理部门申请,并办理租用手续,承包人按有关规定直接支付其费用,发包人对此将予以协调。

临时占地范围包括承包人驻地的办公室、食堂、宿舍、道路和机械设备停放场、材料堆放场地、弃土场、预制场、拌和场、仓库、进场临时道路、临时便道、便桥等。承包人应在“临时占地计划表”范围内按实际需要与先后次序,提出具体计划报监理人同意,并报发包人。临时占地的面积和使用期应满足工程需要,费用包括临时占地数量、时间及因此而发生的协调、租用、复耕、地面附着物(电力、电信、房屋、坟墓除外)的拆迁补偿等相关费用。除项目专用合同条款另有约定外,临时占地的租地费用实行总额包干,列入工程量清单 100 章中由承包人按总额报价。

临时占地退还前,承包人应自费恢复到临时占地使用前的状况。如因承包人撤离后未按要求对临时占地进行恢复或虽进行了恢复但未达到使用标准的,将由发包人委托第三方对其恢复,所发生的费用将从应付给承包人的任何款项内扣除。

(2)除项目专用合同条款另有约定外,承包人应承担并支付为获得本合同工程所需的石料、砂、砾石、黏土或其他当地材料等所发生的料场使用费及其他开支或补偿费。发包人应尽可能协助承包人办理料场租用手续及解决使用过程中的有关问题。

(3)承包人应严格遵守国家有关解决拖欠工程款和民工工资的法律、法规,及时支付工程中的材料、设备货款及民工工资等费用。承包人不得以任何借口拖欠材料、设备货款及民工工资等费用,如果出现此种现象,发包人有权代为支付其拖欠的材料、设备货款及民工工资,并从应付给承包人的工程款中扣除相应款项。对恶意拖欠和拒不按计划支付的,作为不良记录纳入公路建设市场信用信息管理系统。

承包人的项目经理部是民工工资支付行为的主体,承包人的项目经理是民工工资支付的责任人。项目经理部要建立全体民工花名册和工资支付表,确保将工资直接发放给民工本人,或委托银行发放民工工资,严禁发放给"包工头"或其他不具备用工主体资格的组织和个人。

工资支付表应如实记录支付单位、支付时间、支付对象、支付数额、支付对象的身份证号和签字等信息。民工花名册和工资支付表应报监理人备查。

(4)承包人应履行项目专用合同条款约定的其他义务。

4.3 分包

第4.3.2项~第4.3.4项细化为:

4.3.2 承包人不得将工程主体、关键性工作分包给第三人。经发包人同意,承包人可将工程的其他部分或工作分包给第三人。分包包括专业分包和劳务分包。

4.3.3 专业分包

在工程施工过程中,承包人进行专业分包必须遵守以下规定:

(1)允许专业分包的工程范围仅限于分部工程或分项工程、适合专业化队伍施工的工程,专业分包的工程量累计不得超过总工程量的30%。

(2)专业分包人的资格能力(含安全生产能力)应与其分包工程的标准和规模相适应,具备相应的专业承包资质。

(3)专业分包工程不得再次分包。

(4)承包人和专业分包人应当依法签订专业分包合同,并按照合同履行约定的义务。专业分包合同必须明确约定工程款支付条款、结算方式以及保证按期支付的相应措施,确保工程款的支付。

(5)承包人对施工现场安全负总责,并对专业分包人的安全生产进行培训和管理。专业分包人应将其专业分包工程的施工组织设计和施工安全方案报承包人备案。专业分包人对分包施工现场安全负责,发现事故隐患,应及时处理。

(6)所有专业分包计划和专业分包合同须报监理人审批,并报发包人核备。监理人审批专业分包并不解除合同规定的承包人的任何责任或义务。

违反上述规定之一者属违规分包。

4.3.4　劳务分包

在工程施工过程中,承包人进行劳务分包必须遵守以下规定:

(1)劳务分包人应具有劳务分包资质。

(2)劳务分包应当依法签订劳务分包合同,劳务分包合同必须由承包人的法定代表人或其委托代理人与劳务分包人直接签订,不得由他人代签。承包人的项目经理部、项日经理、施工班组等不具备用工主体资格,不能与劳务分包人签订劳务分包合同。承包人应向发包人和监理人提交劳务分包合同副本并报项目所在地劳动保障部门备案。

(3)承包人雇用的劳务作业应加入到承包人的施工班组统一管理。有关施工质量、施工安全、施工进度、环境保护、技术方案、试验检测、材料保管与供应、机械设备等都必须由承包人管理与调配,不得以包代管。

(4)承包人应当对劳务分包人员进行安全培训和管理,劳务分包人不得将其分包的劳务作业再次分包。

违反上述规定之一者属违规分包。

本款补充第 4.3.6 项:

4.3.6　发包人对承包人与分包人之间的法律与经济纠纷不承担任何责任和义务。

4.4　联合体

本款补充第 4.4.4 项:

4.4.4　未经发包人事先同意,联合体的组成与结构不得变动。

4.6　承包人人员的管理

第 4.6.3 项细化为:

承包人安排在施工场地的主要管理人员和技术骨干应与承包人承诺的名单一致,并保持相对稳定。未经监理人批准,上述人员不应无故不到位或被替换;若确实无法到位或需替换,需经监理人审核并报发包人批准后,用同等资质和经历的人员替换。

本款补充第 4.6.5 项:

4.6.5　尽管承包人已按承诺派遣了上述各类人员,但若这些人员仍不能满足合同进度计划和(或)质量要求时,监理人有权要求承包人继续增派或雇用这类人员,并书面通知承包人和抄送发包人。承包人在接到上述通知后应立即执行监理人的上述指示,不得无故拖延,由此增加的费用和(或)工期延误由承包人承担。

4.7　撤换承包人项目经理和其他人员

本款细化为:

承包人应对其项目经理和其他人员进行有效管理。监理人要求撤换不能胜任本职工作、行为不端或玩忽职守的承包人项目经理和其他人员的，承包人应予以撤换，同时委派经发包人与监理人同意的新的项目经理和其他人员。

4.9　工程价款应专款专用

本款细化为：

发包人按合同约定支付给承包人的各项价款应专用于合同工程。承包人必须在发包人指定的银行开户，并与发包人、银行共同签订《工程资金监管协议》，接受发包人和银行对资金的监管。承包人应向发包人授权进行本合同工程开户银行工程资金的查询。发包人支付的工程进度款应为本工程的专款专用资金，不得转移或用于其他工程。发包人的期中支付款将转入该银行所设的专门账户，发包人及其派出机构有权不定期对承包人工程资金使用情况进行检查，发现问题及时责令承包人限期改正，否则，将终止月支付，直至承包人改正为止。

4.10　承包人现场查勘

第4.10.1项细化为：

发包人提供的本合同工程的水文、地质、气象和料场分布、取土场、弃土场位置等资料均属于参考资料，并不构成合同文件的组成部分，承包人应对自己就上述资料的解释、推论和应用负责，发包人不对承包人据此做出的判断和决策承担任何责任。

4.11　不利物质条件

第4.11.2项细化为：

4.11.2　承包人遇到不可预见的不利物质条件时，应采取适应不利物质条件的合理措施继续施工，并及时通知监理人。监理人应当及时发出指示，指示构成变更的，按第15条约定办理。监理人没有发出指示的，承包人因采取合理措施而增加的费用和(或)工期延误，由发包人承担。

本款补充第4.11.3项：

4.11.3　可预见的不利物质条件

(1)对于项目专用合同条款中已经明确指出的不利物质条件无论承包人是否有其经历和经验均视为承包人在接受合同时已预见其影响，并已在签约合同价中计入因其影响而可能发生的一切费用。

(2)对于项目专用合同条款未明确指出，但是在不利物质条件发生之前，监理人已经指示承包人有可能发生，但承包人未能及时采取有效措施，而导致的损失和后果均由承包人承担。

补充第4.12款：

4.12　投标文件的完备性

合同双方一致认为，承包人在递交投标文件前，对本合同工程的投标文件和已标价工程量清单中开列的单价和总额价已查明是正确的和完备的。投标的单价和总额价应已包括了合同中规定的承包人的全部义务(包括提供货物、材料、设备、服务的义务,并包括了暂列金额和暂估价范围内的额外工作的义务)以及为实施和完成本合同工程及其缺陷修复所必需的一切工作和条件。

5. 材料和工程设备

5.2 发包人提供的材料和工程设备

第 5.2.3 项补充:

承包人负责接收并按规定对材料进行抽样检验和对工程设备进行检验测试,若发现材料和工程设备存在缺陷,承包人应及时通知监理人,发包人应及时改正通知中指出的缺陷。承包人负责接收后的运输和保管,因承包人的原因发生丢失、损坏或进度拖延,由承包人承担相应责任。

6. 施工设备和临时设施

6.1 承包人提供的施工设备和临时设施

第 6.1.2 项约定为:

承包人应自行承担修建临时设施的费用,需要临时占地的,应由承包人按第 4.1.10 项(1)目的规定办理。

6.3 要求承包人增加或更换施工设备

本款细化为:

承包人承诺的施工设备必须按时到达现场,不得拖延、缺短或任意更换。尽管承包人已按承诺提供了上述设备,但若承包人使用的施工设备不能满足合同进度计划和(或)质量要求时,监理人有权要求承包人增加或更换施工设备,承包人应及时增加或更换,由此增加的费用和(或)工期延误由承包人承担。

7. 交通运输

7.1 道路通行权和场外设施

本款约定为:

承包人应根据合同工程的施工需要,负责办理取得出入施工场地的专用和临时道路的通行权,以及取得为工程建设所需修建场外设施的权利,并承担有关费用。需要发包人协调时,发包人应协助承包人办理相关手续。

8. 测量放线

8.4　监理人使用施工控制网

本款补充：

经监理人批准，其他相关承包人也可免费使用施工控制网。

9. 施工安全、治安保卫和环境保护

9.2　承包人的施工安全责任

第9.2.1项细化为：

承包人应按合同约定履行安全职责，严格执行国家、地方政府有关施工安全管理方面的法律、法规及规章制度，同时严格执行发包人制订的本项目安全生产管理方面的规章制度、安全检查程序及施工安全管理要求，以及监理人有关安全工作的指示。

承包人应根据本工程的实际安全施工要求，编制施工安全技术措施，并在签订合同协议书后28天内，报监理人和发包人批准。该施工安全技术措施包括（但不限于）施工安全保障体系，安全生产责任制，安全生产管理规章制度，安全防护施工方案，施工现场临时用电方案，施工安全评估，安全预控及保证措施方案，紧急应变措施，安全标识、警示和围护方案等。对影响安全的重要工序和下列危险性较大的工程应编制专项施工方案，并附安全验算结果，经承包人项目总工签字并报监理人和发包人批准后实施，由专职安全生产管理人员进行现场监督。

本项目需要编制专项施工方案的工程包括但不限于以下内容：

（1）不良地质条件下有潜在危险性的土方、石方开挖；

（2）滑坡和高边坡处理；

（3）桩基础、挡墙基础、深水基础及围堰工程；

（4）桥梁工程中的梁、拱、柱等构件施工等；

（5）隧道工程中的不良地质隧道、高瓦斯隧道等；

（6）水上工程中的打桩船作业、施工船作业、外海孤岛作业、边通航边施工作业等；

（7）水下工程中的水下焊接、混凝土浇筑、爆破工程等；

（8）爆破工程；

（9）大型临时工程中的大型支架、模板、便桥的架设与拆除；桥梁、码头的加固与拆除；

（10）其他危险性较大的工程。

监理人和发包人在检查中发现有安全问题或有违反安全管理规章制度的情况时，可视为承包人违约，应按第22.1款的规定办理。

第9.2.5项细化为:

除项目专用合同条款另有约定外,安全生产费用应为投标价(不含安全生产费及建筑工程一切险及第三者责任险的保险费)的1%(若发包人公布了投标控制价上限时,按投标控制价上限的1%计)。安全生产费用应用于施工安全防护用具及设施的采购和更新、安全施工措施的落实、安全生产条件的改善,不得挪作他用。如承包人在此基础上增加安全生产费用以满足项目施工需要,则承包人应在本项目工程量清单其他相关子目的单价或总额价中予以考虑,发包人不再另行支付。因采取合同未约定的特殊防护措施增加的费用,由监理人按第3.5款商定或确定。

本款补充第9.2.8项~第9.2.11项:

9.2.8　承包人应充分关注和保障所有在现场工作的人员的安全,采取以下有效措施,使现场和本合同工程的实施保持有条不紊,以免使上述人员的安全受到威胁。

(1)按《公路水运工程安全生产监督管理办法》规定的最低数量和资质条件配备专职安全生产管理人员;

(2)承包人的垂直运输机械作业人员、施工船舶作业人员、爆破作业人员、安装拆卸工、起重信号工、电工、焊工等国家规定的特种作业人员,必须按照国家规定经过专门的安全作业培训,并取得特种作业操作资格证书后,方可上岗作业;

(3)所有施工机具设备和高空作业设备均应定期检查,并有安全员的签字记录;

(4)根据本合同各单位工程的施工特点,严格执行《公路水运工程安全生产监督管理办法》、《公路工程施工安全技术规程》与《公路筑养路机械操作规程》的具体规定。

9.2.9　为了保护本合同工程免遭损坏,或为了现场附近和过往群众的安全与方便,在确有必要的时候和地方,或当监理人或有关主管部门要求时,承包人应自费提供照明、警卫、护栅、警告标志等安全防护设施。

9.2.10　在通航水域施工时,承包人应与当地主管部门取得联系,设置必要的导航标志,及时发布航行通告,确保施工水域安全。

9.2.11　在整个施工过程中对承包人采取的施工安全措施,发包人和监理人有权监督,并向承包人提出整改要求。如果由于承包人未能对其负责的上述事项采取各种必要的措施而导致或发生与此有关的人身伤亡、罚款、索赔、损失补偿、诉讼费用及其他一切责任应由承包人负责。

9.4　环境保护

本款补充第9.4.7项~第9.4.11项:

9.4.7　承包人应切实执行技术规范中有关环境保护方面的条款和规定。

(1)对于来自施工机械和运输车辆的施工噪声,为保护施工人员的健康,应遵守《中华人民共和国环境噪声污染防治法》并依据《工业企业噪声卫生标准》合理安排工作人员轮流操作筑路机械,减少接触高噪声的时间,或间歇安排高噪声的工作。对距噪声源较近的施工人员,除采取使用防护耳塞或头盔等有效措施外,还应当缩短其劳动时间。

同时,要注意对机械的经常性保养,尽量使其噪声降低到最低水平。为保护施工现场附近居民的夜间休息,对居民区150m以内的施工现场,施工时间应加以控制。

(2)对于公路施工中粉尘污染的主要污染源——灰土拌和、施工车辆和筑路机械运行及运输产生的扬尘,应采取有效措施减轻其对施工现场的大气污染,保护人民健康,如:

a.拌和设备应有较好的密封,或有防尘设备。

b.施工通道、沥青混凝土拌和站及灰土拌和站应经常进行洒水降尘。

c.路面施工应注意保持水分,以免扬尘。

d.隧道出渣和桥梁钻孔灌注桩施工时排出的泥浆要进行妥善处理,严禁向河流或农田排放。

(3)采取可靠措施保证原有交通的正常通行,维持沿线村镇的居民饮水、农田灌溉、生产生活用电及通信等管线的正常使用。

9.4.8 在整个施工过程中对承包人采取的环境保护措施,发包人和监理人有权监督,并向承包人提出整改要求。如果由于承包人未能对其负责的上述事项采取各种必要的措施而导致或发生与此有关的人身伤亡、罚款、索赔、损失补偿、诉讼费用及其他一切责任应由承包人负责。

9.4.9 在施工期间,承包人应随时保持现场整洁,施工设备和材料、工程设备应整齐妥善存放和储存,废料与垃圾及不再需要的临时设施应及时从现场清除、拆除并运走。

9.4.10 在施工期间,承包人应严格遵守《关于在公路建设中实行最严格的耕地保护制度的若干意见》的相关规定,规范用地、科学用地、合理用地和节约用地。承包人应合理利用所占耕地地表的耕作层,用于重新造地;合理设置取土坑和弃土场,取土坑和弃土场的施工防护要符合要求,防止水土流失。承包人应严格控制临时占地数量,施工便道、各种料场、预制场要根据工程进度统筹考虑,尽可能设置在公路用地范围内或利用荒坡、废弃地解决,不得占用农田。施工过程中要采取有效措施防止污染农田,项目完工后承包人应将临时占地自费恢复到临时占地使用前的状况。

9.4.11 承包人应严格按照国家有关法规要求,做好施工过程中的生态保护和水土保持工作。施工中要尽可能减少对原地面的扰动,减少对地面草木的破坏,需要爆破作业的,应按规定进行控爆设计。雨季填筑路基应随挖、随运、随填、随压,要完善施工中的临时排水系统,加强施工便道的管理。取(弃)土场必须先挡后弃,严禁在指定的取(弃)土场以外的地方乱挖乱弃。

10. 进度计划

10.1 合同进度计划

本款补充:

承包人编制施工方案说明的内容见项目专用合同条款。

承包人向监理人报送施工进度计划和施工方案说明的期限:签订合同协议书后 28 天之内。

监理人应在 14 天内对承包人施工进度计划和施工方案说明予以批复或提出修改意见。

合同进度计划应按照关键线路网络图和主要工作横道图两种形式分别编绘,并应包括每月预计完成的工作量和形象进度。

10.2 合同进度计划的修订

本款补充:

承包人提交合同进度计划修订申请报告,并附有关措施和相关资料的期限:实际进度发生滞后的当月 25 日前。

监理人批复修订合同进度计划的期限:收到修订合同进度计划后 14 天内。

补充第 10.3 款、第 10.4 款:

10.3 年度施工计划

承包人应在每年 11 月底前,根据已同意的合同进度计划或其修订的计划,向监理人提交 2 份格式和内容符合监理人合理规定的下一年度的施工计划,以供审查。该计划应包括本年度估计完成的和下一年度预计完成的分项工程数量和工作量,以及为实施此计划将采取的措施。

10.4 合同用款计划

承包人应在签订本合同协议书后 28 天之内,按招标文件中规定的格式,向监理人提交 2 份按合同规定承包人有权得到支付的详细的季度合同用款计划,以备监理人查阅。如果监理人提出要求,承包人还应按季度提交修订的合同用款计划。

11. 开工和交工

11.1 开工

第 11.1.2 项补充:

承包人应在分部工程开工前 14 天向监理人提交分部工程开工报审表,若承包人的开工准备、工作计划和质量控制方法是可接受的且已获得批准,则经监理人书面同意,分部工程才能开工。

11.3 发包人的工期延误

本款补充:

即使由于上述原因造成工期延误,如果受影响的工程并非处在工程施工进度网络计划的关键线路上,则承包人无权要求延长总工期。

11.4 异常恶劣的气候条件

本款补充：

异常气候是指项目所在地 30 年以上一遇的罕见气候现象（包括温度、降水、降雪、风等）。异常恶劣的气候条件在项目专用合同条款中作具体规定。

11.5 承包人的工期延误

本款细化为：

（1）承包人应严格执行监理人批准的合同进度计划，对工作量计划和形象进度计划分别控制。除第 11.3 款规定外，承包人的实际工程进度曲线应在合同进度管理曲线规定的安全区域之内。若承包人的实际工程进度曲线处在合同进度管理曲线规定的安全区域的下限之外时，则监理人有权认为本合同工程的进度过慢，并通知承包人应采取必要措施，以便加快工程进度，确保工程能在预定的工期内交工。承包人应采取措施加快进度，并承担加快进度所增加的费用。

（2）如果承包人在接到监理人通知后的 14 天内，未能采取加快工程进度的措施，致使实际工程进度进一步滞后，或承包人虽采取了一些措施，仍无法按预计工期交工时，监理人应立即通知发包人。发包人在向承包人发出书面警告通知 14 天后，发包人可按第 22.1 款终止对承包人的雇用，也可将本合同工程中的一部分工作交由其他承包人或其他分包人完成。在不解除本合同规定的承包人责任和义务的同时，承包人应承担因此所增加的一切费用。

（3）由于承包人原因造成工期延误，承包人应支付逾期交工违约金。逾期交工违约金的计算方法在项目专用合同条款数据表中约定，时间自预定的交工日期起到交工验收证书中写明的实际交工日期止（扣除已批准的延长工期），按天计算。逾期交工违约金累计金额最高不超过项目专用合同条款数据表中写明的限额。发包人可以从应付或到期应付给承包人的任何款项中或采用其他方法扣除此违约金。

（4）承包人支付逾期交工违约金，不免除承包人完成工程及修补缺陷的义务。

（5）如果在合同工程完工之前，已对合同工程内按时完工的单位工程签发了交工验收证书，则合同工程的逾期交工违约金，应按已签发交工验收证书的单位工程的价值占合同工程价值的比例予以减少，但本规定不应影响逾期交工违约金的规定限额。

11.6 工期提前

本款补充：

发包人不得随意要求承包人提前交工，承包人也不得随意提出提前交工的建议。如遇特殊情况，确需将工期提前的，发包人和承包人必须采取有效措施，确保工程质量。

如果承包人提前交工，发包人支付奖金的计算方法在项目专用合同条款数据表中约定，时间自交工验收证书中写明的实际交工日期起至预定的交工日期止，按天计算。但奖金最高限额不超过项目专用合同条款数据表中写明的限额。

补充第 11.7 款:

11.7 工作时间的限制

承包人在夜间或国家规定的节假日进行永久工程的施工,应向监理人报告,以便监理人履行监理职责和义务。

但是,为了抢救生命或保护财产,或为了工程的安全、质量而不可避免地短暂作业,则不必事先向监理人报告。但承包人应在事后立即向监理人报告。

本款规定不适用于习惯上或施工本身要求实行连续生产的作业。

12. 暂停施工

12.1 承包人暂停施工的责任

本款第(5)项细化为:

(5)现场气候条件导致的必要停工(第 11.4 款规定的异常恶劣的气候条件除外);

(6)项目专用合同条款可能约定的由承包人承担的其他暂停施工。

13. 工程质量

13.1 工程质量要求

第 13.1.1 项约定为:

工程质量验收按技术规范及《公路工程质量检验评定标准》执行。

本款补充第 13.1.4 项和第 13.1.5 项:

13.1.4 发包人和承包人应严格遵守《关于严格落实公路工程质量责任制的若干意见》的相关规定,认真执行工程质量责任登记制度并按要求填写工程质量责任登记表。

13.1.5 本项目严格执行质量责任追究制度。质量事故处理实行"四不放过"原则:事故原因调查不清不放过;事故责任者没有受到教育不放过;没有防范措施不放过;相关责任人没受到处理不放过。

13.2 承包人的质量管理

第 13.2.1 项补充:

承包人提交工程质量保证措施文件的期限:签订合同协议书后 28 天之内。

本款补充第 13.2.3 项~第 13.2.6 项:

13.2.3 承包人必须遵守国家有关法律、法规和规章,严格执行公路工程强制性技术标准、各类技术规范及规程,全面履行工程合同义务,依法对公路工程质量负责。

13.2.4 承包人应加强质量监控,确保规范规定的检验、抽检频率,现场质检的原始资料必须真实、准确、可靠，不得追记，接受质量检查时必须出示原始资料。

13.2.5　承包人必须完善检验手段，根据技术规范的规定配齐检测和试验仪器、仪表，并应及时校正确保其精度；根据合同要求加强工地试验室的管理；加强标准计量基础工作和材料检验工作，不得违规计量，不合格材料严禁用于本工程。

13.2.6　承包人驻工程现场机构应在现场驻地和重要的分部、分项工程施工现场设置明显的工程质量责任登记表公示牌。

13.4　监理人的质量检查

本款补充：

监理人及其委派的检验人员，应能进入工程现场，以及材料或工程设备的制造、加工或制配的车间和场所，包括不属于承包人的车间或场所进行检查，承包人应为此提供便利和协助。

监理人可以将材料或工程设备的检查和检验委托给一家独立的有质量检验认证资格的检验单位。该独立检验单位的检验结果应视为监理人完成的。监理人应将这种委托的通知书不少于7天前交给承包人。

13.5　工程隐蔽部位覆盖前的检查

第13.5.1项补充：

当监理人有指令时，承包人应对重要隐蔽工程进行拍摄或照相并应保证监理人有充分的机会对将要覆盖或掩蔽的工程进行检查和量测，特别是在基础以上的任一部分工程修筑之前，对该基础进行检查。

13.6　清除不合格工程

第13.6.1项细化为：

(1)承包人使用不合格材料、工程设备，或采用不适当的施工工艺，或施工不当，造成工程不合格的，监理人可以随时发出指示，要求承包人立即采取措施进行替换、补救或拆除重建，直至达到合同要求的质量标准，由此增加的费用和(或)工期延误由承包人承担。

(2)如果承包人未在规定时间内执行监理人的指示，发包人有权雇用他人执行，由此增加的费用和(或)工期延误由承包人承担。

14. 试验和检验

补充第14.4款：

14.4　试验和检验费用

(1)承包人应负责提供合同和技术规范规定的试验和检验所需的全部样品，并承担其费用。

(2)在合同中明确规定的试验和检验,包括无须在工程量清单中单独列项和已在工程量清单中单独列项的试验和检验,其试验和检验的费用由承包人负担。

(3)如果监理人所要求做的试验和检验为合同未规定的或是在该材料或工程设备的制造、加工、制配场地以外的场所进行的,则检验结束后,如表明操作工艺或材料、工程设备未能符合合同规定,其费用应由承包人承担,否则,其费用应由发包人承担。

15. 变更

15.1 变更的范围和内容

本款第(1)项细化为:

(1)取消合同中任何一项工作,但被取消的工作不能转由发包人或其他人实施,由于承包人违约造成的情况除外;

15.3 变更程序

本款补充第15.3.4项:

15.3.4 设计变更程序应执行《公路工程设计变更管理办法》的相关规定。

15.4 变更的估价原则

本款细化为:

除项目专用合同条款另有约定外,因变更引起的价格调整按照本款约定处理。

15.4.1 如果取消某项工作,则该项工作的总额价不予支付;

15.4.2 已标价工程量清单中有适用于变更工作的子目的,采用该子目的单价。

15.4.3 已标价工程量清单中无适用于变更工作的子目,但有类似子目的,可在合理范围内参照类似子目的单价,由监理人按第3.5款商定或确定变更工作的单价。

15.4.4 已标价工程量清单中无适用或类似子目的单价,可在综合考虑承包人在投标时所提供的单价分析表的基础上,由监理人按第3.5款商定或确定变更工作的单价。

15.4.5 如果本工程的变更指示是因承包人过错、承包人违反合同或承包人责任造成的,则这种违约引起的任何额外费用应由承包人承担。

15.5 承包人的合理化建议

第15.5.2项约定为:

承包人提出的合理化建议缩短了工期,发包人按第11.6款的规定给予奖励。

承包人提出的合理化建议降低了合同价格或者提高了工程经济效益的,发包人按项目专用合同条款数据表中规定的金额给予奖励。

15.6 暂列金额

本款细化为:

15.6.1　暂列金额应由监理人报发包人批准后指令全部或部分地使用，或者根本不予动用。

15.6.2　对于经发包人批准的每一笔暂列金额，监理人有权向承包人发出实施工程或提供材料、工程设备或服务的指令。这些指令应由承包人完成，监理人应根据第15.4款约定的变更估价原则和第15.7款的规定，对合同价格进行相应调整。

15.6.3　当监理人提出要求时，承包人应提供有关暂列金额支出的所有报价单、发票、凭证和账单或收据，除非该工作是根据已标价工程量清单列明的单价或总额价进行的估价。

16. 价格调整

16.1　物价波动引起的价格调整

本款约定为：

(1)除项目专用合同条款另有约定外，因物价波动引起的价格调整应按项目专用合同条款数据表的规定，按照第16.1.1项或第16.1.2项约定的原则处理；或者

(2)在合同执行期间(包括工期拖延期间)，由于人工、材料和设备价格的上涨而引起工程施工成本增加的风险由承包人自行承担，合同价格不会因此而调整。

16.1.1　采用价格指数调整价格差额

16.1.1.1　价格调整公式

价格调整公式后增加备注如下：

式中，$A = 1 - (B_1 + B_2 + B_3 + ... + B_n)$。

本目最后一段文字细化为：

在采用价格调整公式进行调价时，还应遵守以下规定：

(1)以上价格调整公式中的各可调因子、定值权重，以及基本价格指数及其来源，由发包人在投标函附录价格指数和权重表中约定。价格指数应首先采用国家或省、自治区、直辖市价格部门或统计部门提供的价格指数，缺乏上述价格指数时，可采用上述部门提供的价格代替。

(2)价格调整公式中的变值权重，由发包人根据项目实际情况测算确定范围，并在投标函附录价格指数和权重表中约定范围；承包人在投标时在此范围内填写各可调因子的权重，合同实施期间将按此权重进行调价。

17. 计量与支付

17.1　计量

17.1.2　计量方法

本项约定为:

工程的计量应以净值为准,除非项目专用合同条款另有约定。工程量清单中各个子目的具体计量方法按本合同文件技术规范中的规定执行。

17.1.4 单价子目的计量

本项补充:

(7)承包人未在已标价工程量清单中填入单价或总额价的工程子目,将被认为其已包含在本合同的其他子目的单价和总额价中,发包人将不另行支付。

17.2 预付款

17.2.1 预付款

本项约定为:

预付款包括开工预付款和材料、设备预付款。具体额度和预付办法如下:

(1)开工预付款的金额在项目专用合同条款数据表中约定。在承包人签订了合同协议书并提交了开工预付款保函后,监理人应在当期进度付款证书中向承包人支付开工预付款的70%的价款;在承包人承诺的主要设备进场后,再支付预付款30%。

承包人不得将该预付款用于与本工程无关的支出,监理人有权监督承包人对该项费用的使用,如经查实承包人滥用开工预付款,发包人有权立即通过向银行发出通知收回开工预付款保函的方式,将该款收回。

(2)材料、设备预付款按项目专用合同条款数据表中所列主要材料、设备单据费用(进口的材料、设备为到岸价,国内采购的为出厂价或销售价,地方材料为堆场价)的百分比支付。其预付条件为:

a. 材料、设备符合规范要求并经监理人认可;

b. 承包人已出具材料、设备费用凭证或支付单据;

c. 材料、设备已在现场交货,且存储良好,监理人认为材料、设备的存储方法符合要求。

则监理人应将此项金额作为材料、设备预付款计入下一次的进度付款证书中。在预计交工前3个月,将不再支付材料、设备预付款。

17.2.2 预付款保函

本项细化为:

除项目专用合同条款另有约定外,承包人应在收到开工预付款前向发包人提交开工预付款保函,开工预付款保函的担保金额应与开工预付款金额相同。出具保函的银行须与第4.2款的要求相同,所需费用由承包人承担。银行保函的正本由发包人保存,该保函在发包人将开工预付款全部扣回之前一直有效,担保金额可根据开工预付款扣回的金额相应递减。

17.2.3 预付款的扣回与还清

本项约定为:

(1)开工预付款在进度付款证书的累计金额未达到签约合同价的30%之前不予扣回,在达到签约合同价30%之后,开始按工程进度以固定比例(即每完成签约合同价的1%,扣回开工预付款的2%)分期从各月的进度付款证书中扣回,全部金额在进度付款证书的累计金额达到签约合同价的80%时扣完。

(2)当材料、设备已用于或安装在永久工程之中时,材料、设备预付款应从进度付款证书中扣回,扣回期不超过3个月。已经支付材料、设备预付款的材料、设备的所有权应属于发包人。

17.3　工程进度付款

17.3.3　进度付款证书和支付时间

本项(1)目补充:

如果该付款周期应结算的价款经扣留和扣回后的款额少于项目专用合同条款数据表中列明的进度付款证书的最低金额,则该付款周期监理人可不核证支付,上述款额将按付款周期结转,直至累计应支付的款额达到项目专用合同条款数据表中列明的进度付款证书的最低金额为止。

本项(2)目约定为:

发包人不按期支付的,按项目专用合同条款数据表中约定的利率向承包人支付逾期付款违约金。违约金计算基数为发包人的全部未付款额,时间从应付而未付该款额之日算起(不计复利)。

17.4　质量保证金

第17.4.1项细化为:

监理人应从第一个付款周期开始,在发包人的进度付款中,按项目专用合同条款数据表规定的百分比扣留质量保证金,直至扣留的质量保证金总额达到项目专用合同条款数据表规定的限额为止。质量保证金的计算额度不包括预付款的支付以及扣回的金额。

17.5　交工结算

17.5.1　交工付款申请单

本项(1)目约定为:

承包人向监理人提交交工付款申请单(包括相关证明材料)的份数在项目专用合同条款数据表中约定;期限:交工验收证书签发后42天内。

17.6　最终结清

17.6.1　最终结清申请单

本项(1)目约定为:

承包人向监理人提交最终结清申请单(包括相关证明材料)的份数在项目专用合同条款数据表中约定;期限:缺陷责任期终止证书签发后28天内。

最终结清申请单中的总金额应认为是代表了根据合同规定应付给承包人的全部款项的最后结算。

18. 交工验收

18.2　交工验收申请报告

本款第(2)项约定为:

竣工资料的内容:承包人应按照《公路工程竣(交)工验收办法》和相关规定编制竣工资料。

竣工资料的份数在项目专用合同条款数据表中约定。

18.3　验收

第 18.3.2 项补充:

交工验收由发包人主持,由发包人、监理人、质监、设计、施工、运营、管理养护等有关部门代表组成交工验收小组,对本项目的工程质量进行评定,并写出交工验收报告报交通主管部门备案。承包人应按发包人的要求提交竣工资料,完成交工验收准备工作。

第 18.3.5 项约定为:

经验收合格工程的实际交工日期,以最终提交交工验收申请报告的日期为准,并在交工验收证书中写明。

本款补充第 18.3.7 项:

组织办理交工验收和签发交工验收证书的费用由发包人承担。但按照第 18.3.4 项规定达不到合格标准的交工验收费用由承包人承担。

本条补充第 18.9 款:

18.9　竣工文件

承包人应按照《公路工程竣(交)工验收办法》的相关规定,在缺陷责任期内为竣工验收补充竣工资料,并在签发缺陷责任期终止证书之前提交。

19. 缺陷责任与保修责任

19.2　缺陷责任

第 19.2.2 项补充:

在缺陷责任期内,承包人应尽快完成在交工验收证书中写明的未完成工作,并完成对本工程缺陷的修复或监理人指令的修补工作。

19.5　承包人的进入权

本款补充：

承包人在缺陷修复施工过程中，应服从管养单位的有关安全管理规定，由于承包人自身原因造成的人员伤亡、设备和材料的损毁及罚款等责任由承包人自负。

19.7　保修责任

本款细化为：

(1) 保修期自实际交工日期起计算，具体期限在项目专用合同条款数据表中约定。保修期与缺陷责任期重叠的期间内，承包人的保修责任同缺陷责任。在缺陷责任期满后的保修期内，承包人可不在工地留有办事人员和机械设备，但必须随时与发包人保持联系，在保修期内承包人应对由于施工质量原因造成的损坏自费进行修复。

(2)在全部工程交工验收前，已经发包人提前验收的单位工程，其保修期的起算日期相应提前。

(3)工程保修期终止后 28 天内，监理人签发保修期终止证书。

(4)若承包人不履行保修义务和责任，则承包人应承担由于违约造成的法律后果，并由发包人将其违约行为上报省级交通主管部门，作为不良记录纳入公路建设市场信用信息管理系统。

20. 保险

20.1　工程保险

本款约定为：

建筑工程一切险的投保内容：为本合同工程的永久工程、临时工程和设备及已运至施工工地用于永久工程的材料和设备所投的保险。

保险金额：工程量清单第 100 章(不含建筑工程一切险及第三者责任险的保险费)至 700 章的合计金额。

保险费率：在项目专用合同条款数据表中约定。

保险期限：开工日起直至本合同工程签发缺陷责任期终止证书止(即合同工期 + 缺陷责任期)。

承包人应以发包人和承包人的共同名义投保建筑工程一切险。建筑工程一切险的保险费由承包人报价时列入工程量清单 100 章内。发包人在接到保险单后，将按照保险单的费用直接向承包人支付。

20.4　第三者责任险

第 20.4.2 项补充：

第三者责任险的保险费由承包人报价时列入工程量清单 100 章内。发包人在接到保险单后,将按照保险单的费用直接向承包人支付。

20.5 其他保险

本款约定为:

承包人应为其施工设备等办理保险,其投保金额应足以现场重置。办理本款保险的一切费用均由承包人承担,并包括在工程量清单的单价及总额价中,发包人不单独支付。

20.6 对各项保险的一般要求

20.6.1 保险凭证

本项约定为:

承包人向发包人提交各项保险生效的证据和保险单副本的期限:开工后 56 天内。

20.6.3 持续保险

本项补充:

在整个合同期内,承包人应按合同条款规定保证足够的保险额。

20.6.4 保险金不足的补偿

本项细化为:

保险金不足以补偿损失的(包括免赔额和超过赔偿限额的部分),应由承包人和(或)发包人按合同约定负责补偿。

20.6.5 未按约定投保的补救

本项(2)目细化为:

(2)由于负有投保义务的一方当事人未按合同约定办理某项保险,或未按保险单规定的条件和期限及时向保险人报告事故情况,或未按要求的保险期限进行投保,或未按要求投保足够的保险金额,导致受益人未能或未能全部得到保险人的赔偿,原应从该项保险得到的保险金应由负有投保义务的一方当事人支付。

21. 不可抗力

21.1 不可抗力的确认

21.1.1 项细化为:

不可抗力是指承包人和发包人在订立合同时不可预见,在工程施工过程中不可避免发生并不能克服的自然灾害和社会性突发事件。包括但不限于:

(1)地震、海啸、火山爆发、泥石流、暴雨(雪)、台风、龙卷风、水灾等自然灾害;

(2)战争、骚乱、暴动,但纯属承包人或其分包人派遣与雇用的人员由于本合同工程施工原因引起者除外;

(3)核反应、辐射或放射性污染;

(4)空中飞行物体坠落或非发包人或承包人责任造成的爆炸、火灾;

(5)瘟疫；

(6)项目专用合同条款约定的其他情形。

21.3　不可抗力后果及其处理

21.3.4　因不可抗力解除合同

本项细化为：

合同一方当事人因不可抗力不能履行合同的，应当及时通知对方解除合同。合同解除后，承包人应按照第22.2.5项约定撤离施工场地。已经订货的材料、设备由订货方负责退货或解除订货合同，不能退还的货款和因退货、解除订货合同发生的费用，由发包人承担，因未及时退货造成的损失由责任方承担。合同解除后的付款，参照第22.2.4项约定，由监理人按第3.5款商定或确定，但由于解除合同应赔偿的承包人损失不予考虑。

22. 违约

22.1　承包人违约

22.1.1　承包人违约的情形

本项(2)目细化为：

(2)承包人违反第5.3款或第6.4款的约定，未经监理人批准，私自将已按合同约定进入施工场地的施工设备、临时设施、材料或工程设备撤离施工场地；

本项(7)目细化为：

(7)承包人未能按期开工；

(8)承包人违反第4.6款或6.3款的规定，未按承诺或未按监理人的要求及时配备称职的主要管理人员、技术骨干或关键施工设备；

(9)经监理人和发包人检查，发现承包人有安全问题或有违反安全管理规章制度的情况；

(10)承包人不按合同约定履行义务的其他情况。

22.1.2　对承包人违约的处理

本项补充：

(4)承包人发生第22.1.1项约定的违约情况时，无论发包人是否解除合同，发包人均有权向承包人课以项目专用合同条款中规定的违约金，并由发包人将其违约行为上报省级交通主管部门，作为不良记录纳入公路建设市场信用信息管理系统。

22.2　发包人违约

22.2.4　解除合同后的付款

本项(2)目细化为：

(2)承包人为该工程施工订购并已付款的材料、工程设备和其他物品的金额。发包

人付款后,该材料、工程设备和其他物品归发包人所有;

23. 索赔

23.1 承包人索赔的提出

本款第(4)项细化为:

(4)在索赔事件影响结束后的 28 天内,承包人应向监理人递交最终索赔通知书,说明最终要求索赔的追加付款金额和(或)延长的工期,并附必要的记录和证明材料。

23.2 承包人索赔处理程序

本款第(2)项细化为:

(2)监理人应按第 3.5 款商定或确定追加的付款和(或)延长的工期,并在收到上述索赔通知书或有关索赔的进一步证明材料后的 42 天内,将索赔处理结果报发包人批准后答复承包人。如果承包人提出的索赔要求未能遵守第 23.1(2)~(4)项的规定,则承包人只限于索赔由监理人按当时记录予以核实的那部分款额和(或)工期延长天数。

24. 争议的解决

24.3 争议评审

第 24.3.1 项补充:

争议评审组由 3 人或 5 人组成,专家的聘请方法可由发包人和承包人共同协商确定,亦可请政府主管部门推荐或通过合同争议调解机构聘请,并经双方认同。争议评审组成员应与合同双方均无利害关系。争议评审组的各项费用由发包人和承包人平均分担。

本条补充第 24.4、第 24.5 款(适用于采用仲裁方式最终解决争议的项目):

24.4 仲裁

(1)对于未能友好解决或未能通过争议评审解决的争议,发包人或承包人任一方均有权提交给第 24.1 款约定的仲裁委员会仲裁。

(2)仲裁可在交工之前或之后进行,但发包人、监理人和承包人各自的义务不得因在工程实施期间进行仲裁而有所改变。如果仲裁是在终止合同的情况下进行,则对合同工程应采取保护措施,措施费由败诉方承担。

(3)仲裁裁决是终局性的并对发包人和承包人双方具有约束力。

(4)全部仲裁费用应由败诉方承担;或按仲裁委员会裁决的比例分担。

24.5 仲裁的执行

(1)任何一方不履行仲裁机构的裁决的,对方可以向有管辖权的人民法院申请执行。

(2)任何一方提出证据证明裁决有《中华人民共和国仲裁法》第五十八条规定情形之一的,可以向仲裁委员会所在地的中级人民法院申请撤销裁决。人民法院认定执行该裁决违背社会公共利益的,裁定不予执行。仲裁裁决被人民法院裁定不予执行的,当事人可以根据双方达成的书面仲裁协议重新申请仲裁,也可以向人民法院起诉。

B.项目专用合同条款

说明:

1.招标人在根据《公路工程标准施工招标文件》编制项目招标文件中的"项目专用合同条款"时,可根据招标项目的具体特点和实际需要,对"通用合同条款"及"公路工程专用合同条款"进行补充和细化,除"通用合同条款"明确"专用合同条款"可作出不同约定以及"公路工程专用合同条款"明确"项目专用合同条款"可作出不同约定外,补充和细化的内容不得与"通用合同条款"及"公路工程专用合同条款"强制性规定相抵触。同时,补充、细化或约定的不同内容,不得违反法律、行政法规的强制性规定和平等、自愿、公平和诚实信用原则。

2.项目专用合同条款的编号应与通用合同条款和公路工程专用合同条款一致。

3.项目专用合同条款可对下列内容进行补充和细化:

(1)"通用合同条款"中明确指出"专用合同条款"可对"通用合同条款"进行修改的内容(在"通用合同条款"中用"应按合同约定"、"应按专用合同条款约定""除合同另有约定外"、"除专用合同条款另有约定外"、"在专用合同条款中约定"等多种文字形式表达);

(2)"公路工程专用合同条款"中明确指出"项目专用合同条款"可对"公路工程专用合同条款"进行修改的内容(在"公路工程专用合同条款"中用"除项目专用合同条款另有约定外","项目专用合同条款可能约定的","项目专用合同条款约定的其他情形"等多种文字形式表达);

(3)其他需要补充、细化的内容。

项目专用合同条款数据表

说明：本数据表是项目专用合同条款中适用于本项目的信息和数据的归纳与提示，是项目专用合同条款的组成部分。第八章"投标文件格式"的投标函附录中的数据（供投标人确认）与本表所列有重复。编写招标文件的单位应仔细校核，不使数据出现差错或不一致。

序号	条目号	信 息 或 数 据
1	1.1.2.2	发 包 人： 地　　址：　　　　　　　　　　邮政编码：
2	1.1.2.6	监 理 人： 地　　址：　　　　　　　　　　邮政编码：
3	1.1.4.5	缺陷责任期：自实际交工日期起计算＿＿年①
4	1.6.3	图纸需要修改和补充的，应由监理人取得发包人同意后，在该工程或工程相应部位施工前＿＿天签发图纸修改图给承包人
5	3.1.1	监理人在行使下列权力前需要经发包人事先批准： (6)根据第15.3款发出的变更指示，其单项工程变更涉及的金额超过了该单项工程签约时合同价的＿＿%或累计变更超过了签约合同价的＿＿%
6	5.2.1	发包人是否提供材料或工程设备：是或否 如发包人负责提供部分材料或工程设备，相关规定如下：＿＿＿＿
7	6.2	发包人是否提供施工设备和临时设施：是或否 如发包人负责提供部分施工设备和临时设施，相关规定如下：＿＿＿＿
8	8.1.1	发包人提供测量基准点、基准线和水准点及其书面资料的期限：＿＿＿＿ 承包人将施工控制网资料报送监理人审批的期限：＿＿＿＿
9	11.5	逾期交工违约金：＿＿元/天
10	11.5	逾期交工违约金限额：＿＿%签约合同价②
11	11.6	提前交工的奖金：＿＿元/天
12	11.6	提前交工的奖金限额：＿＿%签约合同价
13	15.5.2	承包人提出的合理化建议降低了合同价格或者提高了工程经济效益的，发包人按所节约成本的＿＿%或增加收益的＿＿%给予奖励

① 缺陷责任期一般应为自实际交工日期起计算2年。

② 逾期交工违约金限额一般应为10%签约合同价。

续上表

序号	条目号	信息或数据
14	16.1	□因物价波动引起的价格调整按照第 16.1.1 或第 16.1.2 项约定的原则处理 若按第 16.1.1 项的约定采用价格调整公式进行调价,每半年或一年按价格调整公式进行一次调整 □合同期内不调价①
15	17.2.1	开工预付款金额:____%签约合同价②
16	17.2.1	材料、设备预付款比例:____等主要材料、设备单据所列费用的____%③
17	17.3.2	承包人在每个付款周期末向监理人提交进度付款申请单的份数:____份
18	17.3.3(1)	进度付款证书最低限额:____%签约合同价④或____万元
19	17.3.3(2)	逾期付款违约金的利率:____‰/天⑤
20	17.4.1	质量保证金百分比:月支付额的____%
21	17.4.1	质量保证金限额:____%合同价格⑥,若交工验收时承包人具备被招标项目所在地省级交通主管部门评定的最高信用等级,发包人给予____%合同价格质量保证金的优惠,并在交工验收时向承包人返还质量保证金优惠的金额。⑦
22	17.5.1	承包人向监理人提交交工付款申请单(包括相关证明材料)的份数:______份
23	17.6.1	承包人向监理人提交最终结清申请单(包括相关证明材料)的份数:______份
24	18.2	竣工资料的份数:______份
25	18.5.1	单位工程或工程设备是否需投入施工期运行:是或否 如单位工程或工程设备需要进行施工期运行,需要施工期运行的单位工程或工程设备规定如下:__________
26	18.6.1	本工程及工程设备是否进行试运行:是或否 如本工程及工程设备需要进行试运行,试运行的具体规定如下:______

① 对于工程规模不大、工期较短的工程(例如工期不超过 12 个月的),可以不进行调价。

② 开工预付款金额一般应为 10% 签约合同价。

③ 指主要材料,一般应为 70% ~75% ,最低不少于 60% 。

④ 国际上一般按月平均支付额的 0.3 ~0.5 计算,我国可按 0.2 ~0.3 计, 以利承包人资金周转。

⑤ 相当于中国人民银行短期贷款利率加手续费。招标人不能自行取消本项内容或降低利率。

⑥ 质量保证金一般不超过合同价格的 5% 。

⑦ 若交工验收时承包人具备被招标项目所在地省级交通主管部门评定的最高信用等级,发包人可在质量保证金方面给予一定的奖励,例如发包人可给予承包人 2% 合同价格质量保证金的优惠,并在交工验收时向承包人返还质量保证金优惠的金额,具体优惠幅度由发包人自行确定。

续上表

序号	条目号	信息或数据
27	19.7	保修期:自实际交工日期起计算____年[①]
28	20.1	建筑工程一切险的保险费率:____‰
29	20.4.2	第三者责任险的最低投保金额:____万元,事故次数不限(不计免赔额) 保险费率:____‰
30	24.1	争议的最终解决方式:仲裁或诉讼 如采用仲裁,仲裁委员会名称:____________________

① 保修期一般应为自实际交工日期起计算5年。

项目专用合同条款

说明:本部分所列的项目专用合同条款是对“公路工程专用合同条款”中规定必须在项目专用合同条款中明确的内容的集中,招标人编制的“项目专用合同条款”不限于本部分所列内容。

4.1 承包人的一般义务

4.1.10 其他义务

(4)承包人应履行的其他义务:____________________

4.11 不利物质条件

4.11.1 不利物质条件的范围:____________________

10.1 合同进度计划

承包人编制施工方案的内容:____________________

11.4 异常恶劣的气候条件

异常恶劣的气候条件的范围:____________________

12.1 承包人暂停施工的责任

12.1 (6)由承包人承担的其他暂停施工:____________________

21.1 不可抗力的确认

21.1.1 (6)不可抗力的其他情形:____________________

22.1 承包人违约

22.1.2 当承包人发生第 22.1.1 项约定的违约情况时,发包人有权向承包人课以违约金,具体约定如下:____

………

………

第三节　合同附件格式

附件一 合同协议书

合同协议书

___________(发包人名称,以下简称"发包人")为实施_________________(项目名称),已接受_________(承包人名称,以下简称"承包人")对该项目_______标段施工的投标。发包人和承包人共同达成如下协议。

1. 第____标段由 K____+____至 K____+____,长约____km,公路等级为____,设计时速为______,____路面,有____立交____处;特大桥____座,计长____m;大中桥____座,计长____m;隧道____座,计长____m 以及其他构造物工程等。

2. 下列文件应视为构成合同文件的组成部分:

(1)本协议书及各种合同附件(含评标期间和合同谈判过程中的澄清文件和补充资料);

(2)中标通知书;

(3)投标函及投标函附录;

(4)项目专用合同条款;

(5)公路工程专用合同条款;

(6)通用合同条款;

(7)技术规范;

(8)图纸;

(9)已标价工程量清单;

(10)承包人有关人员、设备投入的承诺及投标文件中的施工组织设计;

(11)其他合同文件。

3. 上述文件互相补充和解释,如有不明确或不一致之处,以合同约定次序在先者为准。

4. 根据工程量清单所列的预计数量和单价或总额价计算的签约合同价:人民币(大写)_______元(¥_______)。

5. 承包人项目经理:_________。承包人项目总工:_________。

6. 工程质量符合_________标准。

7. 承包人承诺按合同约定承担工程的实施、完成及缺陷修复。

8. 发包人承诺按合同约定的条件、时间和方式向承包人支付合同价款。

9. 承包人应按照监理人指示开工,工期为____日历天。

10. 本协议书在承包人提供履约担保后,由双方法定代表人或其委托代理人签署并加盖单位章后生效。全部工程完工后经交工验收合格、缺陷责任期满签发缺陷责任终止证书后失效。

11. 本协议书正本二份、副本____份,合同双方各执正本一份,副本____份,当正本与副本的内容不一致时,以正本为准。

12. 合同未尽事宜,双方另行签订补充协议。补充协议是合同的组成部分。

发包人:________________(盖单位章)　　承包人:________________(盖单位章)

法定代表人或其委托代理人:____(签字)　　法定代表人或其委托代理人:____(签字)

_____年___月___日　　_____年___月 ___日

附件二　廉政合同

廉政合同

根据《关于在交通基础设施建设中加强廉政建设的若干意见》以及有关工程建设、廉政建设的规定,为做好工程建设中的党风廉政建设,保证工程建设高效优质,保证建设资金的安全和有效使用以及投资效益,________________(项目名称)的项目法人________(项目法人名称,以下简称"发包人")与该项目______标段的施工单位____________(施工单位名称,以下简称"承包人"),特订立如下合同。

1.发包人和承包人双方的权利和义务

(1)严格遵守党的政策规定和国家有关法律法规及交通运输部的有关规定。

(2)严格执行____________(项目名称)______标段施工合同文件,自觉按合同办事。

(3)双方的业务活动坚持公开、公正、诚信、透明的原则(法律认定的商业秘密和合同文件另有规定除外),不得损害国家和集体利益,不得违反工程建设管理规章制度。

(4)建立健全廉政制度,开展廉政教育,设立廉政告示牌,公布举报电话,监督并认真查处违法违纪行为。

(5)发现对方在业务活动中有违反廉政规定的行为,有及时提醒对方纠正的权利和义务。

(6)发现对方严重违反本合同义务条款的行为,有向其上级有关部门举报、建议给予处理并要求告知处理结果的权利。

2.发包人的义务

(1)发包人及其工作人员不得索要或接受承包人的礼金、有价证券和贵重物品,不得让承包人报销任何应由发包人或发包人工作人员个人支付的费用等。

(2)发包人工作人员不得参加承包人安排的超标准宴请和娱乐活动;不得接受承包人提供的通讯工具、交通工具和高档办公用品等。

(3)发包人及其工作人员不得要求或者接受承包人为其住房装修、婚丧嫁娶活动、配偶子女的工作安排以及出国出境、旅游等提供方便等。

(4)发包人工作人员及其配偶、子女不得从事与发包人工程有关的材料设备供应、工程分包、劳务等经济活动等。

(5)发包人及其工作人员不得以任何理由向承包人推荐分包单位或推销材料,不得要求承包人购买合同规定外的材料和设备。

(6)发包人工作人员要秉公办事,不准营私舞弊,不准利用职权从事各种个人有偿中介活动和安排个人施工队伍。

3.承包人的义务

(1)承包人不得以任何理由向发包人及其工作人员行贿或馈赠礼金、有价证券、贵重礼品。

(2)承包人不得以任何名义为发包人及其工作人员报销应由发包人单位或个人支付的任何费用。

(3)承包人不得以任何理由安排发包人工作人员参加超标准宴请及娱乐活动。

(4)承包人不得为发包人单位和个人购置或提供通讯工具、交通工具和高档办公用品等。

4. 违约责任

(1) 发包人及其工作人员违反本合同第1、2条,按管理权限,依据有关规定给予党纪、政纪或组织处理;涉嫌犯罪的,移交司法机关追究刑事责任;给承包人单位造成经济损失的,应予以赔偿。

(2) 承包人及其工作人员违反本合同第1、3条,按管理权限,依据有关规定给予党纪、政纪或组织处理;给发包人单位造成经济损失的,应予以赔偿;情节严重的,发包人建议交通主管部门给予承包人一至三年内不得进入其主管的公路建设市场的处罚。

5. 双方约定:本合同由双方或双方上级单位的纪检监察部门负责监督执行。由发包人或发包人上级单位的纪检监察部门约请承包人或承包人上级单位纪检监察部门对本合同执行情况进行检查,提出在本合同规定范围内的裁定意见。

6. 本合同有效期为发包人和承包人签署之日起至该工程项目竣工验收后止。

7. 本合同作为__________(项目名称)______标段施工合同的附件,与工程施工合同具有同等的法律效力,经合同双方签署后立即生效。

8. 本合同一式四份,由发包人和承包人各执一份,送交发包人和承包人的监督单位各一份。

发包人:________________(盖单位章)　承包人:________________(盖单位章)

法定代表人或其委托代理人:____(签字)　法定代表人或其委托代理人:____(签字)

_____年____月____日　_____年____月____日

发包人监督单位:(全称)　(盖单位章)　承包人监督单位:(全称)　(盖单位章)

附件三　安全生产合同

安全生产合同

为在___________(项目名称)______标段施工合同的实施过程中创造安全、高效的施工环境,切实搞好本项目的安全管理工作,本项目发包人__________(发包人名称,以下简称“发包人”)与承包人__________(承包人名称,以下简称“承包人”)特此签订安全生产合同:

1. 发包人职责

(1) 严格遵守国家有关安全生产的法律法规,认真执行工程承包合同中的有关安全要求。

(2) 按照“安全第一、预防为主”和坚持“管生产必须管安全”的原则进行安全生产管理,做到生产与安全工作同时计划、布置、检查、总结和评比。

(3) 重要的安全设施必须坚持与主体工程“三同时”的原则,即:同时设计、审批,同时施工,同时验收,投入使用。

(4) 定期召开安全生产调度会,及时传达中央及地方有关安全生产的精神。

(5) 组织对承包人施工现场进行安全生产检查,监督承包人及时处理发现的各种安全隐患。

2. 承包人职责

(1) 严格遵守《中华人民共和国安全生产法》、《建设工程安全生产管理条例》等国家有关安全生产的法律法规、《公路水运工程安全生产监督管理办法》、《公路工程施工安全技术规程》和《公路筑养路机械操作规程》等有关安全生产的规定。认真执行工程承包合同中的有关安全要求。

(2) 坚持“安全第一、预防为主”和“管生产必须管安全”的原则,加强安全生产宣传教育,增强全员安全生产意识,建立健全各项安全生产的管理机构和安全生产管理制度,配备专职及兼职安全检查人员,有组织有领导地开展安全生产活动。各级领导、工程技术人员、生产管理人员和具体操作人员,必须熟悉和遵守本合同的各项规定,做到生产与安全工作同时计划、布置、检查、总结和评比。

(3) 建立健全安全生产责任制。从派往项目实施的项目经理到生产工人(包括临时雇请的民工)的安全生产管理系统必须做到纵向到底,一环不漏;各职能部门、人员的安全生产责任制做到横向到边,人人有责。项目经理是安全生产的第一责任人。现场设置的安全机构,应按《公路水运工程安全生产监督管理办法》规定的最低数量和资质条件配备专职安全生产管理人员,专职负责所有员工的安全和治安保卫工作及预防事故的发生。安全机构人员有权按有关规定发布指令,并采取保护性措施防止事故发生。

(4) 承包人在任何时候都应采取各种合理的预防措施,防止其员工发生任何违法、违禁、暴力或妨碍治安的行为。

（5）承包人必须具有劳动安全管理部门颁发的安全生产考核合格证书，参加施工的人员，必须接受安全技术教育，熟知和遵守本工种的各项安全技术操作规程，定期进行安全技术考核，合格者方准上岗操作。对于从事电气、起重、建筑登高架设作业、锅炉、压力容器、焊接、机动车船艇驾驶、爆破、潜水、瓦斯检验等特殊工种的人员，经过专业培训，获得《安全操作合格证》后，方准持证上岗。施工现场如出现特种作业无证操作现象时，项目经理必须承担管理责任。

（6）对于易燃易爆的材料除应专门妥善保管之外，还应配备有足够的消防设施，所有施工人员都应熟悉消防设备的性能和使用方法；承包人不得将任何种类的爆炸物给予、易货或以其他方式转让给任何其他人，或允许、容忍上述同样行为。

（7）操作人员上岗，必须按规定穿戴防护用品。施工负责人和安全检查员应随时检查劳动防护用品的穿戴情况，不按规定穿戴防护用品的人员不得上岗。

（8）所有施工机具设备和高空作业的设备均应定期检查，并有安全员的签字记录，保证其经常处于完好状态；不合格的机具、设备和劳动保护用品严禁使用。

（9）施工中采用新技术、新工艺、新设备、新材料时，必须制定相应的安全技术措施，施工现场必须具有相关的安全标志牌。

（10）承包人必须按照本工程项目特点，组织制定本工程实施中的生产安全事故应急救援预案；如果发生安全事故，应按照《国务院关于特大安全事故行政责任追究的规定》以及其他有关规定，及时上报有关部门，并坚持“四不放过”的原则，严肃处理相关责任人。

（11）安全生产费用按照《公路水运工程安全生产监督管理办法》的相关规定使用和管理。

3. 违约责任

如因发包人或承包人违约造成安全事故，将依法追究责任。

4. 本合同由双方法定代表人或其授权的代理人签署并加盖单位章后生效，全部工程竣工验收后失效。

5. 本合同正本二份、副本______份，合同双方各执正本一份，副本______份，当正本与副本的内容不一致时，以正本为准。

发包人：________________（盖单位章） 承包人：________________（盖单位章）

法定代表人或其委托代理人：____（签字） 法定代表人或其委托代理人：____（签字）

_____年____月____日 _____年____月____日

附件四　其他主要管理人员和技术人员最低要求①

人　员	数　量	资 格 要 求

① a. 招标人应在招标文件中规定若投标人在所投标段中标需派驻的其他主要管理人员和技术人员。招标人将在发出中标通知书之前要求中标人按照本表的最低要求填报派驻本标段的其他主要管理人员和技术人员，在经招标人审批后作为派驻本标段的项目管理机构主要人员且不允许更换。

b. 本表不适用于已按资格预审文件或招标文件要求提供了其他主要管理人员和技术人员的技术特别复杂的特大桥梁和长大隧道工程。

附件五　主要机械设备和试验检测设备最低要求①

设备名称	规格、功率及容量	单　位	最低数量要求

① a.招标人应在招标文件中规定若投标人在所投标段中标需提供的主要机械设备和试验检测设备。招标人将在发出中标通知书之前要求中标人按照本表的最低要求填报为本标段配备的主要设备，在经招标人审批后作为投入本标段的主要设备且不允许更换。
b.本表不适用于已按资格预审文件或招标文件要求提供了主要机械设备和试验检测设备的技术特别复杂的特大桥梁和长大隧道工程。

附件六　项目经理委任书

(承包人全称)
(合同工程名称)项目经理委任书

致:(发包人全称)

(承包人全称)法定代表人(职务、姓名)代表本单位委任 (职务、姓名) 为(合同工程名称)的项目经理。凡本合同执行中的有关技术、工程进度、现场管理、质量检验、结算与支付等方面工作,由 (姓名) 代表本单位全面负责。

承包人:______________(盖单位章)

法定代表人:　(职务)

(姓名)

(签字)

______年____月____日

抄送:　(监理人)

附件七　履约担保格式

履约担保

____________（发包人名称）：

鉴于______________（发包人名称，以下简称"发包人"）接受__________（承包人名称）（以下称"承包人"）于______年____月____日参加__________（项目名称）______标段施工的投标。我方愿意无条件地、不可撤销地就承包人履行与你方订立的合同，向你方提供担保。

1. 担保金额人民币（大写）______________元（¥____________）。

2. 担保有效期自发包人与承包人签订的合同生效之日起至发包人签发交工验收证书之日止。

3. 在本担保有效期内，因承包人违反合同约定的义务给你方造成经济损失时，我方在收到你方以书面形式提出的在担保金额内的赔偿要求后，在7天内无条件支付，无须你方出具证明或陈述理由。

4. 发包人和承包人按合同条款第15条变更合同时，我方承担本担保规定的义务不变。

担 保 人：____________________（盖单位章）
法定代表人或其委托代理人：________（签字）
地　　址：______________________________
邮政编码：______________________________
电　　话：______________________________
传　　真：______________________________

______年____月____日

附件八　预付款担保格式

预 付 款 担 保

____________(发包人名称):

根据__________(承包人名称)(以下称"承包人")与______(发包人名称)(以下简称"发包人")于______年____月____日签订的____________(项目名称)______标段施工承包合同,承包人按约定的金额向发包人提交一份预付款担保,即有权得到发包人支付相等金额的预付款。我方愿意就你方提供给承包人的预付款提供担保。

1. 担保金额人民币(大写)______________元(¥____________)。

2. 担保有效期自预付款支付给承包人起生效,至发包人签发的进度付款证书说明已完全扣清止。

3. 在本保函有效期内,因承包人违反合同约定的义务而要求收回预付款时,我方在收到你方的书面通知后,在7天内无条件支付,无须你方出具证明或陈述理由。但本保函的担保金额,在任何时候不应超过预付款金额减去发包人按合同约定在向承包人签发的进度付款证书中扣除的金额。

4. 发包人和承包人按合同条款第15条变更合同时,我方承担本保函规定的义务不变。

担 保 人:____________________(盖单位章)
法定代表人或其委托代理人:________(签字)
地　　址:______________________________
邮政编码:______________________________
电　　话:______________________________
传　　真:______________________________

______年____月____日

附件九　工程资金监管协议格式

（发包人与承包人签订合同协议书时应与发包人指定的银行签署工程资金监管协议，工程资金监管协议内容在保证本项目资金有效监管的前提下由三方共同商定）

工程资金监管协议

发 包 人：__________（以下简称“甲方”）
承 包 人：__________（以下简称“乙方”）
经办银行：__________（以下简称“丙方”）

为了促进__________（项目名称）的顺利实施，管好用好建设资金，确保工程资金专款专用，同时为承包人提供便捷有效的银行业务服务，根据__________（项目名称）合同条款有关规定，经甲、乙、丙三方协商，达成协议如下：

1. 资金管理的内容

（1）乙方为完成__________（项目名称）工程成立的项目经理部在丙方开设基本结算户；

（2）甲方应按合同规定将工程款（质量保证金除外）汇入乙方在丙方开设的账户；

（3）乙方应将流动资金及甲方所拨付资金专项用于__________（项目名称）；

（4）丙方应为乙方提供便捷有效的银行业务服务，并接受甲方委托对乙方在丙方开设的基本结算户资金使用情况进行监督。

2. 甲方的权责

（1）按照__________（项目名称）合同有关条款规定的时间和方式，向乙方支付工程款；

（2）在发现乙方将本项目资金挪用、转移时，甲方有权中止工程支付，直至乙方改正为止；

（3）不定期审查丙方对乙方的资金使用监督情况，如丙方不能履行其责任，甲方有权随时终止本协议；

（4）在乙、丙双方发生争议时，甲方应负责协调、解决。

3. 乙方的权责

（1）项目经理部成立以后，乙方应尽快在丙方开设基本结算户；

（2）确保本项目资金专款专用，不发生挪用、转移资金的现象；保证不通过权益转让、抵押、担保承担债务等任何其他方式使用基本结算户的资金；

（3）办理材料、设备等采购业务金额在______万元以上的，应出示购货合同、协议和发票；在办理总额超过______万元以上的采购业务时，应将合同、协议和发票复印件送丙方备案；购买应急材料、设备时可先办理支付手续，但事后必须补备有关资料；

（4）用银行转账支票办理支付款项时，必须将转账支票送交丙方，由丙方负责办理

支票转付手续;

(5)向分包单位支付工程进度款时,应附甲方批准分包的文件;

(6)向上级单位缴纳管理费、机械设备及周转材料租赁摊销费等款项时,应附上级单位出具的转账通知等有关资料,以确保资金专款专用。

4. 丙方的权责

(1)成立__________(项目名称)工程资金管理服务小组,明确业务流程,提高工作效率,杜绝“压票”现象;

(2)根据乙方提供的购货合同、协议和发票,检查其所购材料、设备是否用于(项目名称)工程建设,对本标段以外的购货款项,有权拒绝办理,并及时报告甲方;

(3)根据乙方与分包单位签订的合同及支付文件,检查其支付款项是否符合有关条件,向分包单位以外单位的支付有权拒绝办理,并及时报告甲方;

(4)根据乙方提供的上级单位出具的转账通知等有关资料,办理管理费、机械设备及周转材料租赁摊销费等款项的支付;对超出转账通知等有关资料以外的支付,有权拒绝办理,并及时报告甲方;

(5)定期将乙方前一个周期的支付情况,整理后书面报送甲方;乙方复印备案的材料一并送甲方。

5. 甲、乙、丙三方都应履行保密责任,不得将其他两方的业务情况透露给三方以外的其他单位或个人。

6. 本协议有效期自乙方在丙方开户起,至工程交工验收甲方向乙方颁发交工验收证书后结束。

7. 本协议未尽事宜,由甲方牵头,三方协商解决。

8. 本协议正本三份、副本______份。合同三方各执正本一份、副本______份,当正本与副本内容不一致时,以正本为准。

发包人:____________________(盖单位章)

法定代表人或其委托代理人:_______(签字)

_____年____月____日

承包人:____________________(盖单位章)

法定代表人或其委托代理人:_______(签字)

_____年____月____日

经办银行:__________________(盖单位章)

法定代表人或其委托代理人:_______(签字)

_____年____月____日

第五章　工程量清单

第五章　工程量清单

1. 工程量清单说明

1.1　本工程量清单是根据招标文件中包括的、有合同约束力的图纸以及有关工程量清单的国家标准、行业标准、合同条款中约定的工程量计算规则编制。约定计量规则中没有的子目，其工程量按照有合同约束力的图纸所标示尺寸的理论净量计算。计量采用中华人民共和国法定计量单位。

1.2　本工程量清单应与招标文件中的投标人须知、通用合同条款、专用合同条款、技术规范及图纸等一起阅读和理解。

1.3　本工程量清单中所列工程数量是估算的或设计的预计数量，仅作为投标报价的共同基础，不能作为最终结算与支付的依据。实际支付应按实际完成的工程量，由承包人按技术规范规定的计量方法，以监理人认可的尺寸、断面计量，按本工程量清单的单价和总额价计算支付金额；或者，根据具体情况，按合同条款第15.4款的规定，由监理人确定的单价或总额价计算支付额。

1.4　工程量清单各章是按第七章“技术规范”的相应章次编号的，因此，工程量清单中各章的工程子目的范围与计量等应与“技术规范”相应章节的范围、计量与支付条款结合起来理解或解释。

1.5　对作业和材料的一般说明或规定，未重复写入工程量清单内，在给工程量清单各子目标价前，应参阅第七章“技术规范”的有关内容。

1.6　工程量清单中所列工程量的变动，丝毫不会降低或影响合同条款的效力，也不免除承包人按规定的标准进行施工和修复缺陷的责任。

1.7　图纸中所列的工程数量表及数量汇总表仅是提供资料，不是工程量清单的外延。当图纸与工程量清单所列数量不一致时，以工程量清单所列数量作为报价的依据。

2. 投标报价说明

2.1　工程量清单中的每一子目须填入单价或价格，且只允许有一个报价。

2.2　除非合同另有规定，工程量清单中有标价的单价和总额价均已包括了为实施和完成合同工程所需的劳务、材料、机械、质检（自检）、安装、缺陷修复、管理、保险、税费、利润等费用，以及合同明示或暗示的所有责任、义务和一般风险。

2.3　工程量清单中投标人没有填入单价或价格的子目，其费用视为已分摊在工程量清单中其他相关子目的单价或价格之中。承包人必须按监理人指令完成工程量清单中未填入单价或价格的子目,但不能得到结算与支付。

2.4　符合合同条款规定的全部费用应认为已被计入有标价的工程量清单所列各子目之中,未列子目不予计量的工作,其费用应视为已分摊在本合同工程的有关子目的单价或总额价之中。

2.5　承包人用于本合同工程的各类装备的提供、运输、维护、拆卸、拼装等支付的费用,已包括在工程量清单的单价与总额价之中。

2.6　工程量清单中各项金额均以人民币(元)结算。

2.7　暂列金额(不含计日工总额)的数量及拟用子目的说明:＿＿＿＿＿＿＿＿。

2.8　暂估价的数量及拟用子目的说明:＿＿＿＿＿＿＿＿。

3. 计日工说明

3.1　总则

(1)本说明应参照通用合同条款第 15.7 款一并理解。

(2)未经监理人书面指令,任何工程不得按计日工施工;接到监理人按计日工施工的书面指令,承包人也不得拒绝。

(3)投标人应在计日工单价表中填列计日工子目的基本单价或租价,该基本单价或租价适用于监理人指令的任何数量的计日工的结算与支付。计日工的劳务、材料和施工机械由招标人(或发包人)列出正常的估计数量,投标人报出单价,计算出计日工总额后列入工程量清单汇总表中并进入评标价。

(4)计日工不调价。

3.2　计日工劳务

(1)在计算应付给承包人的计日工工资时,工时应从工人到达施工现场,并开始从事指定的工作算起,到返回原出发地点为止,扣去用餐和休息的时间。只有直接从事指定的工作,且能胜任该工作的工人才能计工,随同工人一起做工的班长应计算在内,但不包括领工(工长)和其他质检管理人员。

(2)承包人可以得到用于计日工劳务的全部工时的支付,此支付按承包人填报的“计日工劳务单价表”所列单价计算,该单价应包括基本单价及承包人的管理费、税费、利润等所有附加费,说明如下:

a. 劳务基本单价包括:承包人劳务的全部直接费用,如:工资、加班费、津贴、福利费及劳动保护费等。

b. 承包人的利润、管理、质检、保险、税费;易耗品的使用,水电及照明费,工作台、脚手架、临时设施费,手动机具与工具的使用及维修,以及上述各项伴随而来的费用。

3.3　计日工材料

(1)承包人可以得到计日工使用的材料费用(上述 3.2 款已计入劳务费内的材料费用除外)的支付,此费用按承包人“计日工材料单价表”中所填报的单价计算,该单价应包括基本单价及承包人的管理费、税费、利润等所有附加费，说明如下：

a. 材料基本单价按供货价加运杂费（到达承包人现场仓库）、保险费、仓库管理费以及运输损耗等计算；

b. 承包人的利润、管理、质检、保险、税费及其他附加费；

c. 从现场运至使用地点的人工费和施工机械使用费不包括在上述基本单价内。

3.4　计日工施工机械

（1）承包人可以得到用于计日工作业的施工机械费用的支付，该费用按承包人填报的“计日工施工机械单价表”中的租价计算。该租价应包括施工机械的折旧、利息、维修、保养、零配件、油燃料、保险和其他消耗品的费用以及全部有关使用这些机械的管理费、税费、利润和司机与助手的劳务费等费用。

（2）在计日工作业中，承包人计算所用的施工机械费用时，应按实际工作小时支付。除非经监理人的同意，计算的工作小时才能将施工机械从现场某处运到监理人指令的计日工作业的另一现场往返运送时间包括在内。

4. 其他说明

5. 工程量清单

5.1 工程量清单表

工程量清单

清单 第100章 总 则					
子目号	子 目 名 称	单位	数量	单价	合价
101-1	保险费				
-a	按合同条款规定,提供建筑工程一切险	总额			
-b	按合同条款规定,提供第三者责任险	总额			
102-1	竣工文件	总额			
102-2	施工环保费	总额			
102-3	安全生产费	总额			
102-4	工程管理软件(暂估价)	总额			
103-1	临时道路修建、养护与拆除(包括原道路的养护费)	总额			
103-2	临时占地	总额			
103-3	临时供电设施				
-a	设施架设、拆除	总额			
-b	设施维修	月			
103-4	电信设施的提供、维修与拆除	总额			
103-5	供水与排污设施	总额			
104-1	承包人驻地建设	总额			
清单100章合计 人民币________					

工程量清单

清单　第200章　路　基					
子目号	子 目 名 称	单位	数量	单价	合价
202-1	清理与掘除				
-a	清理现场	m^2			
-b	砍伐树木	棵			
-c	挖除树根	棵			
202-2	挖除旧路面				
-a	水泥混凝土路面	m^2			
-b	沥青混凝土路面	m^2			
-c	碎石路面	m^2			
202-3	拆除结构物				
-a	钢筋混凝土结构	m^3			
-b	混凝土结构	m^3			
-c	砖、石及其他砌体结构	m^3			
203-1	路基挖方				
-a	挖土方	m^3			
-b	挖石方	m^3			
-c	挖除非适用材料(不含淤泥)	m^3			
-d	挖淤泥	m^3			
203-2	改河、改渠、改路挖方				
-a	挖土方	m^3			
-b	挖石方	m^3			
-c	……				
204-1	路基填筑(包括填前压实)				
-a	换填土	m^3			
-b	利用土方	m^3			
-c	利用石方	m^3			
-d	利用土石混填	m^3			
-e	借土填方	m^3			
-f	粉煤灰路堤	m^3			

续上表

清单　第200章　路　基					
子目号	子 目 名 称	单位	数量	单价	合价
-g	结构物台背回填	m^3			
-h	锥坡及台前溜坡填土	m^3			
204-2	改河、改渠、改路填筑				
-a	利用土方	m^3			
-b	利用石方	m^3			
-c	借土填筑	m^3			
205-1	软土地基处理				
-a	抛石挤淤	m^3			
-b	砂垫层、砂砾垫层	m^3			
-c	灰土垫层	m^3			
-d	预压与超载预压	m^3			
-e	真空预压与真空堆载预压	m^3			
-f	袋装砂井	m			
-g	塑料排水板	m			
-h	加固土桩	m			
-i	碎石桩	m			
-j	砂桩	m			
-k	CFG桩	m			
-l	土工织物	m^2			
-m	强夯	m^2			
-n	强夯置换	m^3			
205-2	滑坡处理	m^3			
205-3	岩溶洞回填	m^3			
205-4	膨胀土处理				
-a	厚...mm石灰土改良	m^2			
205-5	黄土处理				
-a	陷穴	m^3			
205-6	盐渍土处理				
-a	厚...mm	m^2			

续上表

清单　第200章　路　基					
子目号	子 目 名 称	单位	数量	单价	合价
205-7	风积沙填筑	m^3			
205-8	季节性冻土改性处理	m^3			
207-1	M...浆砌片石边沟	m			
207-2	M...浆砌片石排水沟	m			
207-3	M...浆砌片石截水沟	m			
207-4	M...浆砌片石急流槽	m^3			
207-5	...mm×...mm 路基盲沟	m			
207-6	涵洞上下游改沟、改渠铺砌	m^3			
207-7	现浇混凝土坡面排水结构物	m^3			
207-8	预制混凝土坡面排水结构物	m^3			
208-1	植物护坡				
-a	种草	m^2			
-b	三维植被网护坡	m^2			
-c	客土喷播护坡	m^2			
208-2	干砌片石	m^3			
208-3	M...浆砌片石护坡				
-a	拱形护坡	m^3			
-b	方格护坡	m^3			
208-4	预制混凝土块护坡				
-a	预制空心砖护坡	m^3			
-b	拱形骨架护坡	m^3			
-c	方格护坡	m^3			
-d	预制六棱砖护坡	m^3			
208-5	护面墙				
-a	M...浆砌片(块)石	m^3			
-b	C...混凝土	m^3			
208-6	封面	m^2			
208-7	捶面	m^2			
209-1	砌体挡土墙				

续上表

清单 第200章 路 基					
子目号	子 目 名 称	单位	数量	单价	合价
-a	M...浆砌片(块)石	m^3			
-b	M...浆砌混凝土块	m^3			
-c	M...浆砌料石	m^3			
-d	砂砾垫层	m^3			
209-2	干砌挡土墙				
-a	片(块)石	m^3			
-b	砂砾垫层	m^3			
209-3	混凝土挡土墙				
-a	C...混凝土	m^3			
-b	钢筋	kg			
-c	砂砾垫层	m^3			
210-1	锚杆挡土墙				
-a	混凝土立柱	m^3			
-b	混凝土挡板	m^3			
-c	锚杆	kg			
-d	钢筋	kg			
210-2	锚定板挡土墙				
-a	混凝土锚定板	m^3			
-b	钢筋混凝土肋柱	m^3			
-c	混凝土挡板	m^3			
-d	拉杆	m^3			
-e	钢筋	kg			
211-1	加筋土挡墙				
-a	M...浆砌片石基础	m^3			
-b	C...混凝土基础	m^3			
-c	C...混凝土帽石	m^3			
-d	C...混凝土墙面板	m^3			
-e	C...钢筋混凝土带	m^3			
-f	聚丙烯土工带	kg			

续上表

清单 第200章 路 基					
子目号	子 目 名 称	单位	数量	单价	合价
212-1	挂网土工格栅喷浆防护边坡				
-a	厚...mm 喷浆防护边坡	m^2			
-b	铁丝网	kg			
-c	土工格栅	m^2			
-d	锚杆	m			
212-2	挂网锚喷混凝土防护边坡(全坡面)				
-a	厚...mm 喷混凝土防护边坡	m^2			
-b	钢筋网	kg			
-c	铁丝网	kg			
-d	土工格栅	m^2			
-e	锚杆	m			
212-3	坡面防护				
-a	厚...mm 喷射混凝土	m^2			
-b	厚...mm 喷射水泥砂浆	m^2			
212-4	土钉支护				
-a	土钉钻孔桩	m			
-b	土钉预制击入桩	m			
-c	厚...mm 喷射混凝土	m^2			
-d	钢筋	kg			
-e	钢筋网	kg			
-f	网格梁、立柱、挡土板	m^3			
-g	土工格栅	m^2			
213-1	预应力锚索(钢绞线规格)	m			
213-2	混凝土锚固板(C...)	m^3			
214-1	混凝土抗滑桩				
-a	...m×...m,C...混凝土抗滑桩	m			
-b	...m×...m,C...混凝土抗滑桩	m			
-c	钢筋(带肋钢筋)	kg			
214-2	桩板式抗滑挡墙				

续上表

清单　第200章　路　基					
子目号	子 目 名 称	单位	数量	单价	合价
-a	挡土板	m^3			
-b	……				
215-1	浆砌片石河床铺砌(M...)	m^3			
215-2	浆砌片石顺坝(M...)	m^3			
215-3	浆砌片石丁坝(M...)	m^3			
215-4	浆砌片石调水坝(M...)	m^3			
215-5	浆砌片石锥坡(M...)	m^3			
清单200章合计　人民币________					

工程量清单

清单　第300章　路　面					
子目号	子 目 名 称	单位	数量	单价	合价
302-1	碎石垫层				
-a	厚...mm	m^2			
302-2	砂砾垫层				
-a	厚...mm	m^2			
302-3	水泥稳定土垫层				
-a	厚...mm	m^2			
302-4	石灰稳定土垫层				
-a	厚...mm	m^2			
303-1	石灰稳定土底基层				
-a	厚...mm	m^2			
303-2	搭板、埋板下石灰稳定土底基层	m^3			
304-1	水泥稳定土底基层				
-a	厚...mm	m^2			
304-2	搭板、埋板下水泥稳定土底基层	m^3			
304-3	水泥稳定土基层				
-a	厚...mm	m^2			
305-1	石灰粉煤灰稳定土底基层				
-a	厚...mm	m^2			
305-2	搭板、埋板下石灰粉煤灰稳定土底基层	m^3			
305-3	石灰工业废渣稳定土基层				
-a	厚...mm	m^2			
306-1	级配碎石底基层				
-a	厚...mm	m^2			
306-2	搭板、埋板下级配碎石底基层	m^3			
306-3	级配碎石基层				
-a	厚...mm	m^2			
306-4	级配砾石底基层				
-a	厚...mm	m^2			

续上表

清单 第300章 路 面					
子目号	子 目 名 称	单位	数量	单价	合价
306-5	搭板、埋板下级配砾石底基层	m^3			
306-6	级配砾石基层				
-a	厚...mm	m^2			
307-1	沥青稳定碎石基层(ATB-25)				
-a	厚...mm	m^2			
-b	厚...mm	m^2			
308-1	透层	m^2			
308-2	黏层	m^2			
309-1	细粒式沥青混凝土				
-a	厚...mm	m^2			
-b	厚...mm	m^2			
309-2	中粒式沥青混凝土				
-a	厚...mm	m^2			
-b	厚...mm	m^2			
309-3	粗粒式沥青混凝土				
-a	厚...mm	m^2			
-b	厚...mm	m^2			
310-1	沥青表面处治				
-a	厚...mm	m^2			
-b	厚...mm	m^2			
310-2	封层	m^2			
311-1	细粒式改性沥青混合料路面				
-a	厚...mm	m^2			
-b	厚...mm	m^2			
311-2	中粒式改性沥青混合料路面				
-a	厚...mm	m^2			
-b	厚...mm	m^2			
311-3	SMA路面				
-a	厚...mm	m^2			

续上表

清单 第300章 路 面					
子目号	子 目 名 称	单位	数量	单价	合价
-b	厚...mm	m^2			
312-1	水泥混凝土面板				
-a	厚...mm（混凝土弯拉强度...MPa）	m^2			
-b	厚...mm（混凝土弯拉强度...MPa）	m^2			
312-2	钢筋				
-a	HPB235	kg			
-b	HRB335	kg			
313-1	培土路肩	m^3			
313-2	中央分隔带回填土	m^3			
313-3	现浇混凝土加固土路肩(厚...mm)	m			
313-4	混凝土预制块加固土路肩(厚...mm)	m			
313-5	混凝土预制块路缘石	m			
314-1	排水管				
-a	PVC-U管(ϕ...mm)	m			
-b	铸铁管(ϕ...mm)	m			
-c	混凝土管(ϕ...mm)	m			
314-2	纵向雨水沟(管)	m			
314-3	C...混凝土集水井	座			
314-4	中央分隔带渗沟(...mm ×...mm ×...mm)	m			
314-5	沥青油毡防水层	m^2			
314-6	路肩排水沟				
-a	混凝土路肩排水沟	m			
-b	砂砾垫层	m^3			
-c	土工布	m^2			
314-7	拦水带				
-a	沥青混凝土拦水带	m			
-b	水泥混凝土拦水带	m			
清单300章合计 人民币________________					

工程量清单

清单　第 400 章　桥梁、涵洞

子目号	子 目 名 称	单位	数量	单价	合价
401-1	桥梁荷载试验(暂估价)	总额			
401-2	地质钻探及取样试验(暂定工程量)				
-a	ϕ70mm	m			
-b	ϕ110mm	m			
403-1	基础钢筋(包括灌注桩、承台、沉桩、沉井等)				
-a	光圆钢筋(HPB235、HPB300)	kg			
-b	带肋钢筋(HRB335、HRB400)	kg			
403-2	下部结构钢筋				
-a	光圆钢筋(HPB235、HPB300)	kg			
-b	带肋钢筋(HRB335、HRB400)	kg			
403-3	上部结构钢筋				
-a	光圆钢筋(HPB235、HPB300)	kg			
-b	带肋钢筋(HRB335、HRB400)	kg			
403-4	附属结构钢筋				
-a	光圆钢筋(HPB235、HPB300)	kg			
-b	带肋钢筋(HRB335、HRB400)	kg			
404-1	干处挖土方	m^3			
404-2	水下挖土方	m^3			
404-3	干处挖石方	m^3			
404-4	水下挖石方	m^3			
405-1	钻孔灌注桩(ϕ...m)	m			
405-2	钻取混凝土芯样(ϕ70mm)(暂定工程量)	m			
405-3	破坏荷载试验用桩(ϕ... m)(暂定工程量)	m			
406-1	钢筋混凝土沉桩(ϕ... m)	m			
406-2	预应力混凝土沉桩(ϕ... m)	m			
406-3	试桩(ϕ... m)	m			
407-1	挖孔灌注桩(ϕ...m)	m			
407-2	钻取混凝土芯样(ϕ70mm)(暂定工程量)	m			

续上表

清单　第400章　桥梁、涵洞					
子目号	子 目 名 称	单位	数量	单价	合价
407-3	破坏荷载试验用桩(ϕ... m)(暂定工程量)	m			
408-1	桩的检验荷载试验(暂定工程量)(ϕ... m)(kN)	每一试桩			
408-2	ϕ... m 桩破坏荷载试验(... m)(暂定工程量)	每一试桩			
409-1	钢筋混凝土沉井				
-a	井壁混凝土(C...)	m^3			
-b	顶板混凝土(C...)	m^3			
-c	填芯混凝土(C...)	m^3			
-d	封底混凝土(C...)	m^3			
410-1	混凝土基础(包括支撑梁、桩基承台,但不包括桩基)	m^3			
410-2	混凝土下部结构	m^3			
410-3	现浇混凝土上部结构	m^3			
410-4	预制混凝土上部结构	m^3			
410-5	上部结构现浇整体化混凝土	m^3			
410-6	现浇混凝土附属结构	m^3			
410-7	预制混凝土附属结构	m^3			
411-1	先张法预应力钢丝	kg			
411-2	先张法预应力钢绞线	kg			
411-3	先张法预应力钢筋	kg			
411-4	后张法预应力钢丝	kg			
411-5	后张法预应力钢绞线	kg			
411-6	后张法预应力钢筋	kg			
411-7	现浇预应力混凝土上部结构	m^3			
411-8	预制预应力混凝土上部结构	m^3			
413-1	浆砌片石				
-a	M...	m^3			
413-2	浆砌块石				
-a	M...	m^3			

续上表

清单 第400章 桥梁、涵洞					
子目号	子 目 名 称	单位	数量	单价	合价
413-3	浆砌料石				
-a	M...	m^3			
413-4	浆砌预制混凝土块				
-a	M...	m^3			
415-1	沥青混凝土桥面铺装(厚...mm)	m^2			
415-2	水泥混凝土桥面铺装 (C...,厚...mm)	m^2			
415-3	防水层 (厚...mm)	m^2			
416-1	矩形板式橡胶支座	个			
416-2	圆形板式橡胶支座	个			
416-3	球冠圆板式橡胶支座	个			
416-4	盆式支座	个			
416-5	隔震橡胶支座	个			
416-6	球形支座	个			
417-1	橡胶伸缩装置	m			
417-2	模数式伸缩装置	m			
417-3	梳齿板式伸缩装置	m			
417-4	填充式材料伸缩装置	m			
419-1	单孔钢筋混凝土圆管涵(ϕ...m)	m			
419-2	双孔钢筋混凝土圆管涵(ϕ...m)	m			
419-3	钢筋混凝土圆管倒虹吸管涵(ϕ...m)	m			
420-1	钢筋混凝土盖板涵(...m×...m)	m			
420-2	钢筋混凝土箱涵(...m×...m)	m			
420-3	钢筋混凝土盖板通道涵(...m×...m)	m			
420-4	钢筋混凝土箱形通道涵(...m×...m)	m			
421-1	拱涵(... m×...m)	m			
421-2	拱形通道涵(...m×...m)	m			
清单400章合计 人民币________					

工程量清单

清单　第500章　隧　道					
子目号	子 目 名 称	单位	数量	单价	合价
502-1	洞口、明洞开挖				
-a	土方	m^3			
-b	石方	m^3			
-c	弃方超运	$m^3\cdot km$			
502-2	防水与排水				
-a	M...浆砌片石截水沟	m^3			
-b	无纺布	m^2			
	……				
502-3	洞口坡面防护				
-a	M...浆砌片石	m^3			
-b	C...喷射混凝土	m^3			
-c	种植草皮	m^2			
-d	锚杆	kg			
-e	钢筋网	kg			
502-4	洞门建筑				
-a	C...混凝土	m^3			
-b	M...浆砌粗料石(块石)	m^3			
-c	钢筋	kg			
502-5	明洞衬砌				
-a	C...混凝土	m^3			
-b	光圆钢筋(HPB235)	kg			
-c	带肋钢筋(HRB335)	kg			
	……				
502-6	遮光棚(板)				
-a	C...混凝土	m^3			
-b	光圆钢筋(HPB235)	kg			
-c	带肋钢筋(HRB335)	kg			
	……				

续上表

清单 第500章 隧 道					
子目号	子 目 名 称	单位	数量	单价	合价
502-7	洞顶回填				
-a	回填土石方	m^3			
503-1	洞身开挖				
-a	土方	m^3			
-b	石方	m^3			
-c	弃方超运	$m^3 \cdot km$			
503-2	超前支护				
-a	锚杆(规格)	m			
-b	小钢管(规格)	m			
-c	管棚(规格)	m			
-d	注浆小导管(规格)	m			
-e	型钢(规格型号)	kg			
	……				
503-3	初期支护				
-a	C...喷射钢纤维混凝土	m^3			
-b	C...喷射混凝土	m^3			
-c	注浆锚杆(规格)	m			
-d	锚杆(规格)	m			
-e	钢筋网	kg			
503-4	木材	m^3			
504-1	洞身衬砌				
-a	C...混凝土	m^3			
-b	C...防水混凝土	m^3			
-c	M...浆砌粗料石(块石)	m^3			
-d	光圆钢筋(HPB235)	kg			
-e	带肋钢筋(HRB335)	kg			
504-2	C...仰拱、铺底混凝土	m^3			
504-3	C...边沟、电缆沟混凝土	m^3			
504-4	洞室门(规格)	个			

续上表

清单　第500章　隧　道					
子目号	子 目 名 称	单位	数量	单价	合价
504-5	洞内路面				
-a	C...混凝土(厚...mm)	m^2			
-b	光圆钢筋(HPB235)	kg			
-c	带肋钢筋(HRB335)	kg			
505-1	防水与排水				
-a	防水板	m^2			
-b	无纺布	m^2			
-c	止水带	m			
-d	止水条	m			
-e	压注水泥—水玻璃浆液	t			
-f	压注水泥浆液	t			
-g	压浆钻孔	m			
-h	排水管(ϕ...mm)	m			
	……				
506-1	洞内防火涂料				
-a	喷涂防火涂料	m^2			
506-2	洞内装饰工程				
-a	镶贴瓷砖	m^2			
-b	喷涂混凝土专用漆	m^2			
508-1	监控量测				
-a	必测项目(项目名称)	总额			
-b	选测项目(项目名称)	总额			
509-1	地质预报(探测手段)	总额			
510-1	预埋件				
-a	通风设施预埋件	kg			
-b	通信设施预埋件	kg			
-c	照明设施预埋件	kg			
-d	监控设施预埋件	kg			
-e	供配电设施预埋件	kg			

续上表

清单 第500章 隧 道

子目号	子 目 名 称	单位	数量	单价	合价
	……				
510-2	消防设施				
-a	供水钢管(铸铁管)(ϕ...mm)	m			
-b	消防洞室防火门	套			
-c	集水池	座			
-d	蓄水池	座			
-e	泵房	座			
	……				

清单500章合计 人民币______________

工程量清单

清单　第600章　安全设施及预埋管线					
子目号	子 目 名 称	单位	数量	单价	合价
602-1	C...混凝土护栏	m			
602-2	单面波形梁钢护栏	m			
602-3	双面波形梁钢护栏	m			
602-4	活动式钢护栏	个			
602-5	波形梁钢护栏起、终端头				
-a	分设型圆头式端头	个			
-b	分设型地锚式端头	个			
-c	组合型圆端头	个			
602-6	缆索护栏				
-a	路侧缆索护栏	m			
-b	中央分隔带缆索护栏	m			
602-7	C...混凝土基础	m^3			
603-1	铁丝编织网隔离栅	m			
603-2	刺铁丝隔离栅	m			
603-3	钢板网隔离栅	m			
603-4	电焊网隔离栅	m			
603-5	桥上防护网	m			
603-6	钢筋混凝土立柱	根			
603-7	钢立柱	根			
604-1	单柱式交通标志	个			
604-2	双柱式交通标志	个			
604-3	三柱式交通标志	个			
604-4	门架式交通标志	个			
604-5	单悬臂式交通标志	个			
604-6	双悬臂式交通标志	个			
604-7	悬挂式交通标志	个			
604-8	里程碑	个			

续上表

清单　第600章　安全设施及预埋管线					
子目号	子 目 名 称	单位	数量	单价	合价
604-9	公路界碑	个			
604-10	百米桩	个			
604-11	防撞桶	个			
605-1	热熔型涂料路面标线				
-a	……	m^2			
605-2	溶剂常温涂料路面标线				
-a	……	m^2			
605-3	溶剂加热涂料路面标线				
-a	……	m^2			
605-4	水性涂料路面标线				
-a	……	m^2			
605-5	突起路标	个			
605-6	轮廓标				
-a	柱式轮廓标	个			
-b	附着式轮廓标	个			
605-7	立面标记	处			
605-8	锥形路标	个			
606-1	防眩板	块			
606-2	防眩网	m			
607-1	人(手)孔	个			
607-2	紧急电话平台	个			
607-3	管道工程				
-a	铺设...孔 ϕ...塑料管(钢管)管道	m			
-b	铺设...孔 ϕ...塑料管(钢管)管道	m			
-c	铺设...孔 ϕ...塑料管(钢管)管道	m			
-d	铺设...孔 ϕ...塑料管(钢管)管道	m			
-e	制作、安装过桥管箱(包括两端接头管箱)	m			
608-1	收费亭				
-a	单人收费亭	个			

续上表

清单　第600章　安全设施及预埋管线					
子目号	子 目 名 称	单位	数量	单价	合价
-b	双人收费亭	个			
608-2	收费天棚	m^2			
608-3	收费岛				
-a	单向收费岛	个			
-b	双向收费岛	个			
608-4	地下通道(高×宽)	m			
608-5	预埋管线				
-a	(管线规格)	m			
-b	(管线规格)	m			
608-6	架设管线				
-a	(管线规格)	m			
-b	(管线规格)	m			
清单600章合计　人民币________________					

工程量清单

清单　第700章　绿化及环境保护设施					
子目号	子 目 名 称	单位	数量	单价	合价
702-1	开挖并铺设表土	m^3			
702-2	铺设利用的表土	m^3			
703-1	撒播草种	m^2			
703-2	铺植草皮				
-a	马尼拉草皮	m^2			
-b	美国二号草皮	m^2			
	……				
703-3	绿地喷灌管道	m			
704-1	人工种植乔木				
-a	香樟	棵			
-b	大叶樟	棵			
-c	杜英	棵			
	……				
704-2	人工种植灌木				
-a	夹竹桃	棵			
-b	木芙蓉	棵			
-c	春杜鹃	棵			
	……				
704-3	人工种植攀缘植物	棵			
706-1	吸、隔声板声屏障	m			
706-2	吸声砖声屏障	m^3			
706-3	砖墙声屏障	m^3			
清单700章合计　人民币＿＿＿＿＿＿＿＿					

5.2　计日工表

5.2.1　劳务

编号	子目名称	单位	暂定数量	单价	合价
101	班长	h			
102	普通工	h			
103	焊工	h			
104	电工	h			
105	混凝土工	h			
106	木工	h			
107	钢筋工	h			
	……				
劳务小计金额：__________ （计入“计日工汇总表”）					

5.2.2　材料

编号	子目名称	单位	暂定数量	单价	合价
201	水泥	t			
202	钢筋	t			
203	钢绞线	t			
204	沥青	t			
205	木材	m^3			
206	砂	m^3			
207	碎石	m^3			
208	片石	m^3			
	……				
材料小计金额：__________ （计入“计日工汇总表”）					

5.2.3 施工机械

编号	子目名称	单位	暂定数量	单价	合价
301	装载机				
301-1	1.5m^3 以下	h			
301-2	1.5~2.5 m^3	h			
301-3	2.5 m^3 以上	h			
302	推土机				
302-1	90kW 以下	h			
302-2	90~180kW	h			
302-3	180kW 以上	h			
	……				
施工机械小计金额:__________ （计入“计日工汇总表”）					

5.2.4 计日工汇总表

名称	金额	备注
劳务		
材料		
施工机械		
计日工总计: （计入“投标报价汇总表”）		

5.3 暂估价表

5.3.1 材料暂估价表

序号	名称	单位	数量	单价	合价	备注

5.3.2　工程设备暂估价表

序号	名称	单位	数量	单价	合价	备注

5.3.3　专业工程暂估价表

序号	专业工程名称	工程内容	金额
小计：			

5.4 投标报价汇总表

__________(项目名称)_____标段

序号	章次	科目名称	金额(元)
1	100	总则	
2	200	路基	
3	300	路面	
4	400	桥梁、涵洞	
5	500	隧道	
6	600	安全设施及预埋管线	
7	700	绿化及环境保护设施	
8	第 100 章 ~700 章清单合计		
9	已包含在清单合计中的材料、工程设备、专业工程暂估价合计		
10	清单合计减去材料、工程设备、专业工程暂估价合计(即 8 -9 =10)		
11	计日工合计		
12	暂列金额(不含计日工总额)		
13	投标报价(8 +11 +12) =13		

注:材料、工程设备、专业工程暂估价已包括在清单合计中,不应重复计入投标报价。

5.5　工程量清单单价分析表

序号	编码	子目名称	人工费			材料费						机械使用费	其他	管理费	税费	利润	综合单价
			工日	单价	金额	主材				辅材费	金额						
						主材耗量	单位	单价	主材费								

第　二　卷

第六章　图纸(另册)

第 三 卷

第七章　技术规范(另册出版)

第　四　卷

第八章　投标文件格式[①]

① 招标人可结合招标项目具体特点和实际需要，对本章内容进行补充、细化。

__________省(自治区、直辖市)

____________(项目名称)______标段施工招标

投 标 文 件

投标人:______________(盖单位章)

______年____月____日

目　录

调价函格式(如有)[①]

____________(招标人名称)：

经我方慎重研究，基于____________理由，在____________(项目名称)______标段施工招标投标函报价人民币(大写)____________元(￥____________)的基础上进行调价，调价后金额为人民币(大写)____________元(￥____________)，调价后金额为我方最终报价。

调价后的工程量清单[②]附后，否则调价无效。

投 标 人：____________________(盖单位章)
法定代表人或其委托代理人：________(签字)

______年____月____日

---

① 一般情况下招标人应不接受调价函。

② 调价后的工程量清单包括工程量清单说明、投标报价说明、计日工说明、其他说明及工程量清单各项表格(工程量清单表5.1～表5.5)。

一、投标函及投标函附录

(一)投　标　函

＿＿＿＿＿＿(招标人名称):

1. 我方已仔细研究＿＿＿＿＿＿(项目名称)＿＿＿标段施工招标文件的全部内容(含补遗书第＿＿号至第＿＿号),在考察工程现场后,愿意以人民币(大写)＿＿＿＿元(¥＿＿＿＿)的投标总报价(或根据招标文件规定修正核实后确定的另一金额),工期＿＿日历天,按合同约定实施和完成承包工程,修补工程中的任何缺陷,工程质量达到＿＿＿＿＿＿。

2. 我方承诺在投标有效期内不修改、撤销投标文件。

3. 随同本投标函提交投标保证金一份,金额为人民币(大写)＿＿＿元(¥＿＿＿)。

4. 如我方中标:

(1)我方承诺在收到中标通知书后,在中标通知书规定的期限内与你方签订合同。

(2)随同本投标函递交的投标函附录属于合同文件的组成部分。

(3)我方承诺按照招标文件规定向你方递交履约担保。

(4)我方承诺在合同约定的期限内完成并移交全部合同工程。

5. 我方在此声明,所递交的投标文件及有关资料内容完整、真实和准确,且不存在第二章“投标人须知”第1.4.3项规定的任何一种情形。

6. 在合同协议书正式签署生效之前,本投标函连同你方的中标通知书将构成我们双方之间共同遵守的文件,对双方具有约束力。

7. ＿＿＿＿＿＿＿＿＿＿＿＿＿＿＿＿(其他补充说明)。

投 标 人:＿＿＿＿＿＿＿＿＿＿(盖单位章)
法定代表人或其委托代理人:＿＿＿＿(签字)
地址:＿＿＿＿＿＿＿＿＿＿＿＿＿＿＿＿
网址:＿＿＿＿＿＿＿＿＿＿＿＿＿＿＿＿
电话:＿＿＿＿＿＿＿＿＿＿＿＿＿＿＿＿
传真:＿＿＿＿＿＿＿＿＿＿＿＿＿＿＿＿
邮政编码:＿＿＿＿＿＿＿＿＿＿＿＿＿＿

＿＿＿年＿＿月＿＿日

(二)投标函附录

序号	条款名称	合同条目号	约定内容	备注
1	缺陷责任期	1.1.4.5	自实际交工日期起计算_____年	
2	逾期交工违约金	11.5	_____元/天	
3	逾期交工违约金限额	11.5	_____%签约合同价	
4	提前交工的奖金	11.6	_____元/天	
5	提前交工的奖金限额	11.6	_____%签约合同价	
6	价格调整的差额计算	16.1.1	见价格指数和权重表	
7	开工预付款金额	17.2.1	_____%签约合同价	
8	材料、设备预付款比例	17.2.1	_____等主要材料、设备单据所列费用的_____%	
9	进度付款证书最低限额	17.3.3(1)	_____%签约合同价或_____万元	
10	逾期付款违约金的利率	17.3.3(2)	_____‰/天	
11	质量保证金百分比	17.4.1	月支付额的_____%	
12	质量保证金限额	17.4.1	_____%合同价格,若交工验收时承包人具备被招标项目所在地省级交通主管部门评定的最高信用等级,发包人给予_____%合同价格质量保证金的优惠,并在交工验收时向承包人返还质量保证金优惠的金额	
13	保修期	19.7	自实际交工日期起计算_____年	

投 标 人:_______________(盖单位章)

投标文件签署人签名:_______________

价格指数和权重表

<table>
<tr><td colspan="2" rowspan="2">名称</td><td colspan="2">基本价格指数</td><td colspan="3">权　　重</td><td rowspan="2">价格指数来源</td></tr>
<tr><td>代号</td><td>指数值</td><td>代号</td><td>允许范围</td><td>投标人建议值</td></tr>
<tr><td colspan="2">定值部分</td><td></td><td></td><td>A</td><td></td><td></td><td></td></tr>
<tr><td rowspan="6">变值部分</td><td>人工费</td><td>F_{01}</td><td></td><td>B_1</td><td>____至____</td><td></td><td></td></tr>
<tr><td>钢材</td><td>F_{02}</td><td></td><td>B_2</td><td>____至____</td><td></td><td></td></tr>
<tr><td>水泥</td><td>F_{03}</td><td></td><td>B_3</td><td>____至____</td><td></td><td></td></tr>
<tr><td>……</td><td>……</td><td></td><td>……</td><td>……</td><td></td><td></td></tr>
<tr><td></td><td></td><td></td><td></td><td></td><td></td><td></td></tr>
<tr><td></td><td></td><td></td><td></td><td></td><td></td><td></td></tr>
<tr><td colspan="6">合　　计</td><td>1.00</td><td></td></tr>
</table>

投 标 人:________________(盖单位章)

投标文件签署人签名:________________

二、法定代表人身份证明及授权委托书

(一)法定代表人身份证明

投标人名称:________________________
单 位 性 质:________________________
地　　　址:________________________
成立时间:______年____月____日
经营期限:__________________________
姓名:(法定代表人签字)性别:______年龄:______职务:________系______________(投标人名称)的法定代表人。

特此证明。

投标人:__________________(盖单位章)

______年____月____日

注:法定代表人的签字必须是亲笔签名,不得使用印章、签名章或其他电子制版签名。

(二)授权委托书[①]

本人________(姓名)系__________________(投标人名称)的法定代表人,现委托______(姓名)为我方代理人。代理人根据授权,以我方名义签署、澄清、说明、补正、递交、撤回、修改 ___________(项目名称) ______标段施工投标文件、签订合同和处理有关事宜,其法律后果由我方承担。

委托期限:_____________。

代理人无转委托权。

附:法定代表人身份证明

投标人:_______________(盖单位章)

法定代表人:_______________(签字)

身份证号码:_______________________

委托代理人:_______________(签字)

身份证号码:_______________________

______年____月____日

注:1. 法定代表人和委托代理人必须在授权书上亲笔签名,不得使用印章、签名章或其他电子制版签名;

2. 在授权委托书后应附有公证机关出具的加盖钢印、单位章并盖有公证员签名章的公证书,钢印应清晰可辨,同时公证内容完全满足招标文件规定;

3. 公证书出具的日期与授权书出具的日期同日或在其之后;

4. 以联合体形式投标的,本授权委托书应由联合体牵头人的法定代表人按上述规定签署并公证。

① 如果由投标人的法定代表人签署投标文件,则不需提交授权委托书,但需对法定代表人身份证明中法定代表人的签名、投标人的单位章的真实性进行公证。

三、联合体协议书[①]

____________（所有成员单位名称）自愿组成联合体，共同参加____________（项目名称）______标段施工投标。现就联合体投标事宜订立如下协议。

1. ____________（某成员单位名称）为牵头人。

2. 联合体牵头人合法代表联合体各成员负责本招标项目投标文件编制和合同谈判活动，代表联合体提交和接收相关的资料、信息及指示，处理与之有关的一切事务，并负责合同实施阶段的主办、组织和协调工作。

3. 联合体将严格按照招标文件的各项要求，递交投标文件，履行合同，并对外承担连带责任。

4. 联合体牵头人代表联合体签署投标文件，联合体牵头人的所有承诺均认为代表了联合体各成员。

5. 联合体各成员单位内部的职责分工如下：（牵头人名称）承担______专业工程，占总工程量的____%；（成员一名称）承担____专业工程，占总工程量的____%；……。

6. 投标工作和联合体在中标后工程实施过程中的有关费用按各自承担的工作量分摊。

7. 本协议书自签署之日起生效，合同履行完毕后自动失效。

8. 本协议书一式______份，联合体成员和招标人各执一份。

牵头人名称：______________________（盖单位章）
法定代表人：__________________________（签字）

成员一名称：______________________（盖单位章）
法定代表人：__________________________（签字）

成员二名称：______________________（盖单位章）
法定代表人：__________________________（签字）
……

______年____月____日

① 本联合体协议书格式适用于未进行资格预审的情况。如果采用资格预审，投标人应在此提供资格预审申请文件中所附的联合体协议书复印件。

四、投标保证金

若采用电汇,投标人应在此提供电汇回单的复印件。

如采用银行保函,银行保函原件装订在投标文件的正本之中,格式如下。

____________(招标人名称):

鉴于____________(投标人名称)(以下称“投标人”)于______年____月____日参加______(项目名称)______标段施工的投标,________(担保人名称,以下简称“我方”)无条件地、不可撤销地保证:投标人在规定的投标有效期内撤销或修改其投标文件的,或者投标人不接受依据评标办法的规定对其投标文件中细微偏差进行澄清和补正,或者投标人提交了虚假资料,或者投标人在收到中标通知书未按招标文件规定提交履约担保或拒绝签订合同协议书的,我方承担保证责任。收到你方书面通知后,在 7 天内无条件向你方支付人民币(大写)______元。

本保函在投标有效期或经延长的投标有效期期满后30 日内保持有效。要求我方承担保证责任的通知应在上述期限内送达我方。你方延长投标有效期的决定,应通知我方。

担保人名称:____________________(盖单位章)

法定代表人或其委托代理人:__________(签字)

地　　址:________________________________

邮政编码:________________________________

电　　话:________________________________

传　　真:________________________________

______年____月____日

五、已标价工程量清单

投标人应按照第五章“工程量清单”的要求逐项填报工程量清单,包括工程量清单说明、投标报价说明、计日工说明、其他说明及工程量清单各项表格(工程量清单表5.1～表5.5)。

六、施工组织设计

1.投标人应按以下要点编制施工组织设计(文字宜精练、内容具有针对性,总体控制在30 000字以内):

(1)总体施工组织布置及规划

(2)主要工程项目的施工方案、方法与技术措施(尤其对重点、关键和难点工程的施工方案、方法及其措施)

(3)工期保证体系及保证措施

(4)工程质量管理体系及保证措施

(5)安全生产管理体系及保证措施

(6)环境保护、水土保持保证体系及保证措施

(7)文明施工、文物保护保证体系及保证措施

(8)项目风险预测与防范,事故应急预案

(9)其他应说明的事项

2.施工组织设计除采用文字表述外可附下列图表,图表及格式要求附后。

附表一　施工总体计划表

附表二　分项工程进度率计划(斜率图)

附表三　工程管理曲线

附表四　分项工程生产率和施工周期表

附表五　施工总平面图

附表六　劳动力计划表

附表七　临时占地计划表

附表八　外供电力需求计划表

附表九　合同用款估算表

附表一　施工总体计划表

年　度	___年												___年												___年				
月　份 主要工程项目	1	2	3	4	5	6	7	8	9	10	11	12	1	2	3	4	5	6	7	8	9	10	11	12	1	2	3	4	...
1. 施工准备																													
2. 路基处理																													
3. 路基填筑																													
4. 涵洞																													
5. 通道																													
6. 防护及排水																													
7. 路面基层																													
（1）底基层																													
（2）基层																													
8. 路面铺筑																													
9. 路面标志标线																													
10. 桥梁工程																													
（1）基础工程																													
（2）墩台工程																													
（3）梁体工程																													
（4）梁体安装																													
（5）桥面铺装及人行道																													
11. 隧道																													
12. 其他																													

附表二　分项工程进度率计划(斜率图)

年　度		____年												____年										
季　度		一			二			三			四			一			二			三			四	
月　份		1	2	3	4	5	6	7	8	9	10	11	12	1	2	3	4	5	6	7	8	9	10	…
图例:	100(%)																							
施工准备	90																							
路基填筑	80																							
路面基层	70																							
路面面层	60																							
防护及排水	50																							
涵洞及通道	40																							
桥梁下部工程	30																							
桥梁上部工程	20																							
隧道	10																							

注:1. 应按各标段实际工程内容填写。

2. 各个项目的进程可用线条的长短来表示。

附表三　工程管理曲线

年 度
季 度
进 度
_____年
_____年
一 二 三 四 一 二 ……
1 2 3 4 5 6 7 8 9 10 11 12 1 2 3 4 5 6
100
90
80
70
60
50
40
30
20
10
工程完成的百分比(%)
0 10 20 30 40 50 60 70 80 90 100
工期历程的百分比(%)

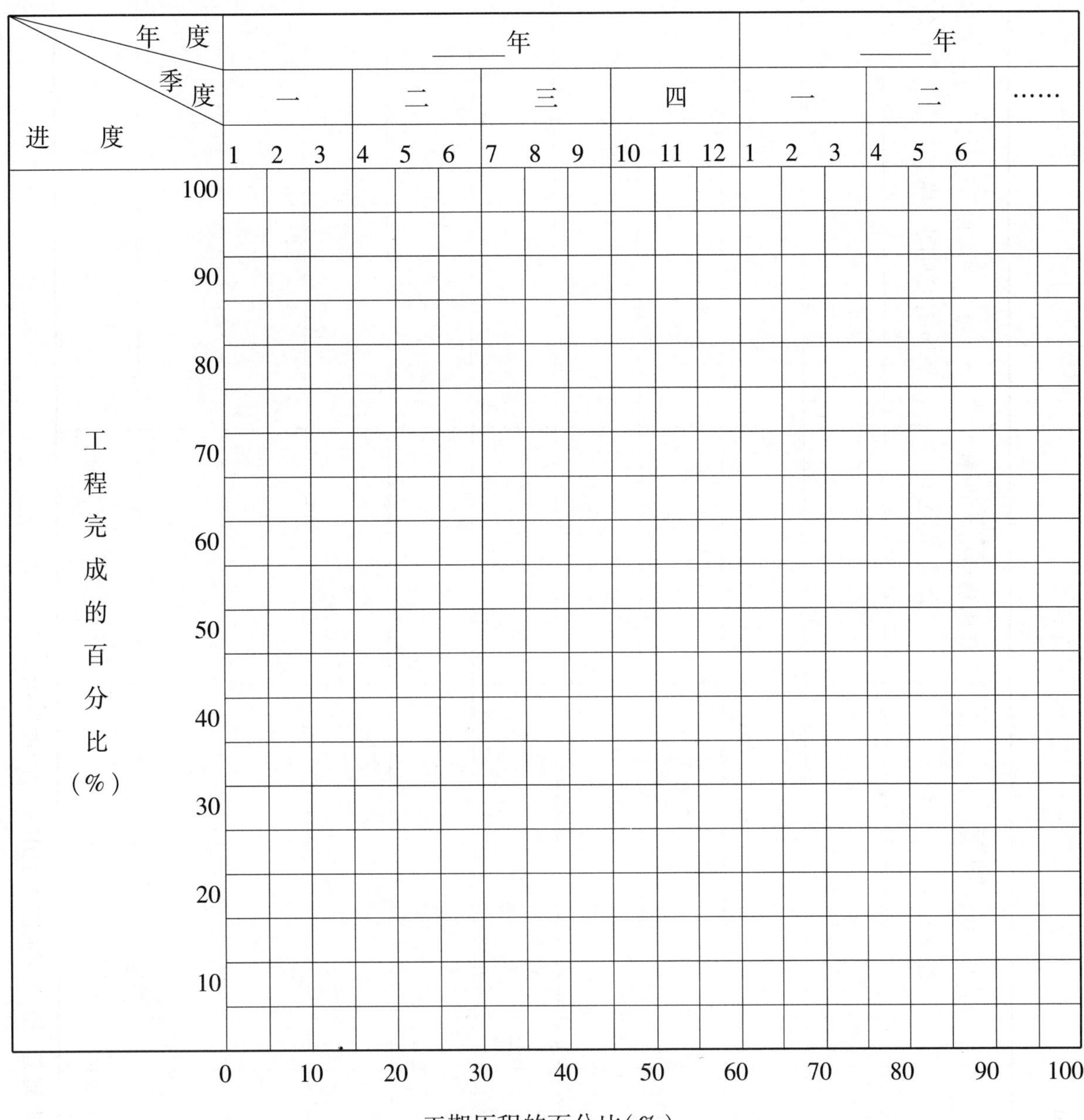

附表四　分项工程生产率和施工周期表

序号	工程项目	单位	数量	平均每生产单位规模(______人，各种机械______台)	平均每单位生产率(数量、每周)	每生产单位平均施工时间(周)	生产单位总数(个)
1	特殊路基处理	公里					
2	路基填筑	万 m^3					
3	路面基层	万 m^2					
4	路面面层	万 m^2					
5	路基防护及排水	km					
6	涵洞	道					
7	通道	道					
8	桥梁基桩	根					
9	桥梁墩台	座					
10	梁体预制安装	片					

注:互通立交、分离立交的匝道、匝道涵洞、通道、桥梁分别归入表中相关的项目内。

附表五　施工总平面图

投标人应递交一份施工总平面图，绘出现场临时设施布置图表并附文字说明，说明施工营地、料场、临时设施、加工车间、现场办公、设备及仓储、供电、供水、卫生、生活、道路、消防等设施的情况和布置。

附表六　劳动力计划表

单位:人

工种	按工程施工阶段投入劳动力情况						

附表七　临时占地计划表

用　途	面积（m^2）					需用时间	用地位置		
	菜地	水田	旱地	果园	荒地	______年____月至______年____月	桩号	左侧（m）	右侧（m）
一、临时工程									
1. 便道									
2. 便桥									
3. ……									
……									
二、生产及生活临时设施									
1. 临时住房									
2. 办公等公用房屋									
3. 料库									
4. 预制场									
……									
租用面积合计									

附表八　外供电力需求计划表

用电位置		计划用电数量 (kW·h)	用　途	需用时间 _____年____月 至_____年____月	备　注
桩号	左或右 (m)				

附表九　合同用款估算表

从开工月算起的时间（月）	投标人的估算			
	分　期		累　计	
	金额(元)	(%)	金额(元)	(%)
第一次开工预付款				
1～3				
4～6				
7～9				
10～12				
13～15				
……				
……				
缺陷责任期				
小　计		100.00		
投标价：				
说明				

注：1. 投标人可按附表一的工程进度估算并填写本表。

2. 用款额按所报单价和总额价估算，不包括价格调整和暂列金额、暂估价，但应考虑开工预付款的扣回、质量保证金的扣留以及签发付款证书后到实际支付的时间间隔。

七、项目管理机构

拟为承包本标段工程设立的组织机构以框图方式表示。
说明

八、拟分包项目情况表

分包人名称		地　址	
法定代表人		电　话	
营业执照号码		资质等级	
拟分包的工程项目	主要内容	预计造价(万元)	已经做过的类似工程
			注： 1. 本栏应写明分包人以往做过的类似工程，包括工程名称、地点、造价、工期、交工年份和其发包人与总监理工程师的姓名和地址。 2. 若无分包人，则投标人应填写“无”
分包值合计(万元)			

九、资格审查资料(适用于已进行资格预审的)

投标人应按通过资格预审后的新情况及第二章“投标人须知”第 3.5.1 项的规定对资格预审材料进行更新或补充,表格格式同资格预审文件规定。

九、资格审查资料(适用于未进行资格预审的)

(一)投标人基本情况表

<table>
<tr><td>投标人名称</td><td colspan="6"></td></tr>
<tr><td>注册地址</td><td colspan="3"></td><td>邮政编码</td><td colspan="2"></td></tr>
<tr><td rowspan="2">联系方式</td><td>联系人</td><td colspan="2"></td><td>电　话</td><td colspan="2"></td></tr>
<tr><td>传　真</td><td colspan="2"></td><td>电子邮件</td><td colspan="2"></td></tr>
<tr><td>法定代表人</td><td>姓名</td><td></td><td>技术职称</td><td></td><td>电话</td><td></td></tr>
<tr><td>技术负责人</td><td>姓名</td><td></td><td>技术职称</td><td></td><td>电话</td><td></td></tr>
<tr><td>成立时间</td><td colspan="2"></td><td colspan="4">员工总人数:</td></tr>
<tr><td>企业资质等级</td><td colspan="2"></td><td rowspan="5">其中</td><td>项目经理</td><td colspan="2"></td></tr>
<tr><td>营业执照号</td><td colspan="2"></td><td>高级职称人员</td><td colspan="2"></td></tr>
<tr><td>注册资金</td><td colspan="2"></td><td>中级职称人员</td><td colspan="2"></td></tr>
<tr><td>基本账户开户银行</td><td colspan="2"></td><td>初级职称人员</td><td colspan="2"></td></tr>
<tr><td>基本账户账号</td><td colspan="2"></td><td>技工</td><td colspan="2"></td></tr>
<tr><td>经营范围</td><td colspan="6"></td></tr>
<tr><td>资产构成情况及投资参股的关联企业情况</td><td colspan="6"></td></tr>
<tr><td>备注</td><td colspan="6"></td></tr>
</table>

注:1. 在本表后应附企业法人营业执照副本(全本)的复印件(并加盖单位章)、施工资质证书副本(全本)的复印件(并加盖单位章)、安全生产许可证副本(全本)的复印件(并加盖单位章)、基本账户开户许可证的复印件(并加盖单位章)。

2. 以联合体形式参与投标的,联合体各成员应分别填写。

(二)投标人企业组织机构框图

以框图方式表示
说明

(三)拟委任的项目经理和项目总工资历表

<table>
<tr><td>姓　名</td><td></td><td>年　龄</td><td></td><td>专　业</td><td></td></tr>
<tr><td>职　称</td><td></td><td>公司单位
职　　务</td><td></td><td>拟在本标段
工程担任职务</td><td></td></tr>
<tr><td>毕业学校</td><td colspan="5">______年____月毕业于________________学校__________专业，学制____年</td></tr>
<tr><td colspan="6">经　　历</td></tr>
<tr><td>______年～
______年</td><td colspan="3">参加过的工程项目名称</td><td>担任何职</td><td>发包人及
联系电话</td></tr>
<tr><td></td><td colspan="3"></td><td></td><td></td></tr>
<tr><td></td><td colspan="3"></td><td></td><td></td></tr>
<tr><td></td><td colspan="3"></td><td></td><td></td></tr>
<tr><td></td><td colspan="3"></td><td></td><td></td></tr>
<tr><td></td><td colspan="3"></td><td></td><td></td></tr>
<tr><td colspan="2">获奖情况</td><td colspan="4"></td></tr>
<tr><td rowspan="3">目前任职
项目状况</td><td>项目名称</td><td colspan="4"></td></tr>
<tr><td>担任职位</td><td colspan="4"></td></tr>
<tr><td>可以调离日期</td><td colspan="4"></td></tr>
<tr><td colspan="2">备　注</td><td colspan="4"></td></tr>
</table>

注：1. 本表后应附项目经理(以及备选人)和项目总工(以及备选人)的身份证、职称资格证书以及资格审查条件所要求的其他相关证书(如建造师注册证书、安全生产考核合格证书等)的复印件，并应提供其担任类似项目的项目经理和项目总工的相关业绩证明材料复印件。

2. 本表后应附投标人所属社保机构出具的拟委任的项目经理(以及备选人)和项目总工(以及备选人)的社保缴费证明(并加盖缴费证明专用章)或其他能够证明拟委任的项目经理(以及备选人)和项目总工(以及备选人)参加社保的有效证明材料(并加盖社保机构单位章)。

3. 目前未在具体项目上任职的，请在备注栏说明现在负责的工作内容。

(四)近年财务状况表

财务状况表

项目或指标	单位	______年	______年	______年
一、注册资金	万元			
二、净资产	万元			
三、总资产	万元			
四、固定资产	万元			
五、流动资产	万元			
六、流动负债	万元			
七、负债合计	万元			
八、营业收入	万元			
九、净利润	万元			
十、现金流量净额	万元			
十一、主要财务指标				
1. 净资产收益率	%			
2. 总资产报酬率	%			
3. 主营业务利润率	%			
4. 资产负债率	%			
5. 流动比率	%			
6. 速动比率	%			

注:1. 本表后应附近三年经会计师事务所或审计机构审计的财务会计报表,包括资产负债表、现金流量表、利润表和财务情况说明书的复印件。

2. 本表所列数据必须与本表各附件中的数据相一致。

3. 以联合体形式参与投标的,联合体各成员应分别填写。

银行信贷证明①

银行名称：____________________

地　　址：____________________

日期：______________

致：（招标人全称）

兹开具最高限额为人民币____万元的银行信贷，供____（投标人注册地点）____（投标人名称）于______年____月____日之前，在______________（项目名称）需要时使用。我行保证由______________（投标人名称）提供的财务报表中所开列的作为流动资产的各项中无一项包含在上述提到的银行信贷中。

此项目若未中标，该信贷证明自动失效，无需退回我行。

银　　　行（盖单位章）：________________

银行主要负责人（签字）：________________

银行主要负责人的姓名、职务：（打印）

银　行　电　话：________________

银　行　传　真：________________

注：1. 允许投标人实际开具的银行信贷证明的格式与《公路工程标准施工招标文件》提供的格式有所不同，但不得更改《公路工程标准施工招标文件》提供的银行信贷证明格式中的实质性内容。

2. 银行主要负责人应亲笔签名，不得使用印章、签名章或其他电子制版签名，否则，视为无效。

① 招标人要求投标人提供银行信贷证明是为了避免投标人中标后因流动资金不足影响工程施工的情况发生，招标人可根据招标项目具体特点和实际情况选择是否要求投标人提供银行信贷证明。如采用银行信贷证明，招标人应在此规定开具银行信贷证明的银行的级别。

(五)近年完成的类似项目情况表

项目名称	
项目所在地	
发包人名称	
发包人地址	
发包人电话	
合同价格	
开工日期	
交工日期	
承担的工作	
工程质量	
项目经理	
项目总工	
总监理工程师及电话	
项目描述	
备注	

注:1. 每张表格只填写一个项目,并标明序号。

2. 本表后须附中标通知书和(或)合同协议书、由发包人出具的公路工程(标段)交工验收证书或竣工验收委员会出具的公路工程竣工验收鉴定书或质量监督机构对各参建单位签发的工作综合评价等级证书的复印件。

3. 如近年来,投标人法人机构发生合法变更或重组或法人名称变更时,应提供相关部门的合法批件或其他相关证明材料来证明其所附业绩的继承性。

4. 以联合体形式参与投标的,联合体各成员应分别填写。

（六）正在施工的和新承接的项目情况表

项目名称	
项目所在地	
发包人名称	
发包人地址	
发包人电话	
签约合同价	
开工日期	
计划交工日期	
承担的工作	
工程质量要求	
项目经理	
项目总工	
总监理工程师及电话	
项目描述	
备注	

注：1. 每张表格只填写一个项目，并标明序号。

2. 本表后应附中标通知书和（或）合同协议书复印件。

3. 本表应包含所有在建工程项目，包括正在施工、已签订合同协议书即将开工或已收到中标通知书或意向书但尚未签订合同的所有项目。

4. 以联合体形式参与投标的，联合体各成员应分别填写。

(七)近年发生的诉讼及仲裁情况

项 目	投标人情况说明

注:本表后应附法院或仲裁机构作出的判决、裁决等有关法律文书复印件。

(八)拟委任的其他主要管理人员和技术人员汇总表[①]

姓名	年龄	拟在本项目中担任的职务	技术职称	工作年限	类似施工经验年限

注:1. 本表填报的人员应满足投标人须知前附表附录 6 的要求。

2. 本表后应附投标人所属社保机构出具的拟委任的其他主要管理人员和技术人员的社保缴费证明(并加盖缴费证明专用章)或其他能够证明拟委任的其他主要管理人员和技术人员参加社保的有效证明材料(并加盖社保机构单位章)。

① 本表仅适用于采用综合评估法进行评标的技术特别复杂的特大桥梁和长大隧道工程。

(九)拟委任的其他主要管理人员和技术人员资历表①

<table>
<tr><td>姓　名</td><td colspan="2"></td><td>年　龄</td><td></td><td>专　业</td><td></td></tr>
<tr><td>职　称</td><td colspan="2"></td><td>公司单位
职　　务</td><td></td><td>拟在本标段
工程担任职务</td><td></td></tr>
<tr><td>毕业学校</td><td colspan="6">____年___月毕业于______________学校__________专业,学制___年</td></tr>
<tr><td colspan="7">经　　历</td></tr>
<tr><td>_____年～
_____年</td><td colspan="3">参加过的工程项目名称</td><td colspan="2">担任何职</td><td>发包人及
联系电话</td></tr>
<tr><td></td><td colspan="3"></td><td colspan="2"></td><td></td></tr>
<tr><td></td><td colspan="3"></td><td colspan="2"></td><td></td></tr>
<tr><td></td><td colspan="3"></td><td colspan="2"></td><td></td></tr>
<tr><td></td><td colspan="3"></td><td colspan="2"></td><td></td></tr>
<tr><td></td><td colspan="3"></td><td colspan="2"></td><td></td></tr>
<tr><td colspan="2">获奖情况</td><td colspan="5"></td></tr>
<tr><td rowspan="3">目前任职
项目状况</td><td>项目名称</td><td colspan="5"></td></tr>
<tr><td>担任职位</td><td colspan="5"></td></tr>
<tr><td>可以调离日期</td><td colspan="5"></td></tr>
<tr><td colspan="2">备　注</td><td colspan="5"></td></tr>
</table>

注:1. 本表人员应与表(八)中所列人员相一致,在本表后应附身份证、职称资格证书以及资格审查条件所要求的其他相关证书(如安全生产考核合格证书、试验检测资格证书等)的复印件。

2. 目前未在具体项目上任职的,请在备注栏说明现在负责的工作内容。

① 本表仅适用于采用综合评估法进行评标的技术特别复杂的特大桥梁和长大隧道工程。

(十)拟投入本标段的主要施工机械表[①]

序号	设备名称	型号规格	国别产地	制造年份	额定功率（kW）	生产能力	数量（台）				预计进场时间
							小计	其　中			
								自有	新购	租赁	

① 本表仅适用于采用综合评估法进行评标的技术特别复杂的特大桥梁和长大隧道工程。

(十一)拟配备本标段的主要材料试验、测量、质检仪器设备表①

序号	仪器设备名称	型号规格	数量	国别产地	制造年份	用途	备注

① 本表仅适用于采用综合评估法进行评标的技术特别复杂的特大桥梁和长大隧道工程。

十、承　诺　函

_______________（招标人名称）：

我方参加了__________（项目名称）_____标段施工投标，若我方中标，我方在此承诺：

若本项目资格预审文件或招标文件未要求我方在资格预审申请文件或投标文件中填报派驻本标段的其他主要管理人员和技术人员及主要机械设备和试验检测设备，在招标人向我方发出中标通知书之前，我方将按照合同附件提出的最低要求填报派驻本标段的其他主要管理人员和技术人员及主要机械设备和试验检测设备，在经招标人审批后作为派驻本标段的项目管理机构主要人员和主要设备且不进行更换。

若我方已按本项目资格预审文件或招标文件要求在资格预审申请文件或投标文件中填报派驻本标段的其他主要管理人员和技术人员及主要机械设备和试验检测设备，我方将严格按照在资格预审申请文件或投标文件中填报的其他主要管理人员和技术人员及主要机械设备和试验检测设备组织进场施工，且不进行更换。

如我方违背了上述承诺，本项目招标人有权取消我方的中标资格，并由招标人将我方的违约行为上报省级交通主管部门，作为不良记录纳入公路建设市场信息管理系统。

投 标 人：____________________（盖单位章）

法定代表人或其委托代理人：__________（签字）

_____年____月____日

十一、其 他 材 料

附录　工程量清单固化方法说明[①]

1. 概述

根据《公路工程标准施工招标文件》的相关规定，项目招标推荐采用工程量固化清单，招标人在出售招标文件的同时向投标人提供工程量固化清单电子文件（光盘或U盘）。投标人填写工程量清单中的单价及总额价，即可完成投标工程量清单的编制，确定投标报价，并打印出投标工程量清单，编入投标文件。以下简要说明如何将工程量清单 Excel 电子文件制作成工程量固化清单电子文件。

2. 术语

（1）工程量清单 Excel 电子文件：使用 Excel 软件制作的工程量清单。

（2）工程量固化清单：将工程量清单 Excel 电子文件固化，使投标人无法修改工程量清单 Excel 电子文件的数据、格式及运算定义。投标人只需填写工程量清单中的单价及总额价，即可完成投标工程量清单的编制，确定投标报价，并打印出投标工程量清单，编入投标文件。

（3）工作表：在 Excel 中用于存储和处理数据的主要文档，也称为电子表格。工作表由排列成行或列的单元格组成。工作表总是存储在工作簿中。

（4）密码：一种限制访问工作簿、工作表或部分工作表的方法。Excel 密码最多可有 255 个字母、数字、空格和符号。在设置和输入密码时，必须输入正确的大小写字母。

（5）区域：工作表上的两个或多个单元格。区域中的单元格可以相邻或不相邻。

（6）公式：单元格中的一系列值、单元格引用、名称或运算符的组合，可生成新的值。公式总是以等号（=）开始。

（7）ROUND 函数定义：按指定的位数对数值进行四舍五入。

语法：

ROUND（Number，Num_digits）

Number 需要进行四舍五入的数字。

Num_digits 指定的位数，按此位数进行四舍五入。

（8）SUM 函数定义：计算单元格区域中所有数字之和。

语法：

SUM（number1，number2，number N，..）

Number1，number2，number N... 为 1 到 N 个需要求和的参数。

① 本附录供招标人制作工程量固化清单时参考，招标人亦可用其他方式制作工程量固化清单。本附录不是《公路工程标准施工招标文件》（2009 年版）的组成部分。

3. 适用范围

本方法适用于 Microsoft Office Excel 2000、2002 和 2003。

使用 Microsoft Office Excel 2007 时,可参照本说明对工程量清单进行固化。

4. 固化工程量清单操作步骤

(1)制作工程量清单

首先制作工程量清单,见附图 1。具体制作过程本文不再详细说明。在后续的内容中,我们将以“投标报价汇总表”和“工程量清单第 200 章”为例,介绍工程量清单的固化过程,即计算公式的编辑与文件的保护。

Microsoft Excel - 工程量清单(固化).xls

文件(F) 编辑(E) 视图(V) 插入(I) 格式(O) 工具(T) 数据(D) 窗口(W) 帮助(H)

投标报价汇总表			
序号	章次	科目名称	金额(元)
1	100	总则	
2	200	路基	
3	300	路面	
4	400	桥梁、涵洞	
5	500	隧道	
6	600	安全设施及预埋管线	
7	700	绿化及环境保护设施	
8	第100章~700章清单合计		
9	已包含在清单合计中的材料、工程设备、专业工程暂估价合计		
10	清单合计减去材料、工程设备、专业工程暂估价合计(即8-9=10)		
11	计日工合计		
12	暂列金额(不含计日工总额)		
13	投标报价(8+11+12)=13		

/材料、工程设备、专业工程/计日工说明/计日工明细/计日工汇总\清单汇总

附图 1

(2)编辑计算公式

①设置细目的合价计算公式

每个细目合价的计算方法是:合价 = 数量 × 单价

在工程量固化清单中提供了每个细目的数量，只允许投标人填写细目的单价，合价将自动计算并生成。因此需要在每个细目合价的单元格中添加计算公式。

以“工程量清单第 200 章”中的细目 201 - 1 - a 为例，见附图 2。

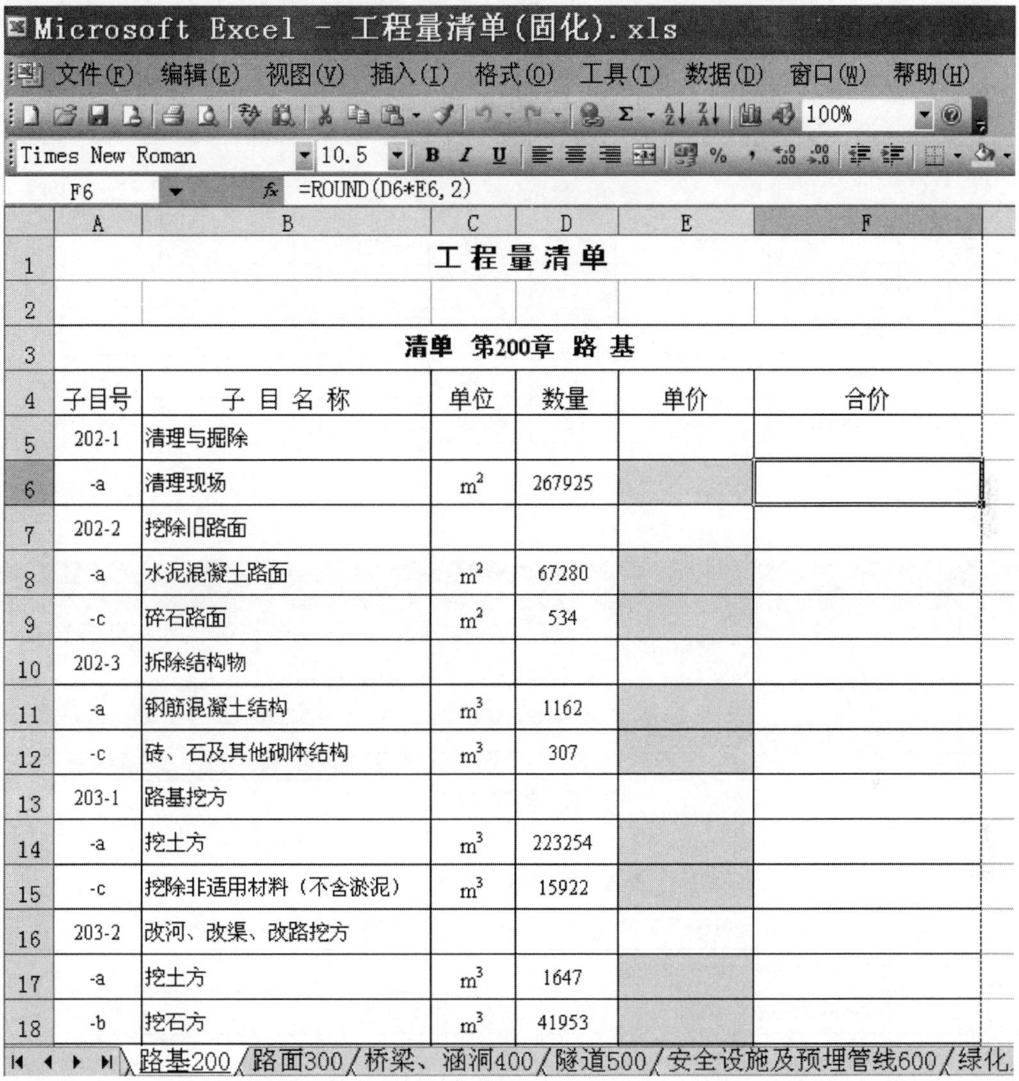

Microsoft Excel - 工程量清单(固化).xls

文件(F) 编辑(E) 视图(V) 插入(I) 格式(O) 工具(T) 数据(D) 窗口(W) 帮助(H)

Times New Roman 10.5 100%

F6 fx =ROUND(D6*E6,2)

	A	B	C	D	E	F
1	工程量清单					
2						
3	清单 第200章 路 基					
4	子目号	子 目 名 称	单位	数量	单价	合价
5	202-1	清理与掘除				
6	-a	清理现场	m^2	267925		
7	202-2	挖除旧路面				
8	-a	水泥混凝土路面	m^2	67280		
9	-c	碎石路面	m^2	534		
10	202-3	拆除结构物				
11	-a	钢筋混凝土结构	m^3	1162		
12	-c	砖、石及其他砌体结构	m^3	307		
13	203-1	路基挖方				
14	-a	挖土方	m^3	223254		
15	-c	挖除非适用材料（不含淤泥）	m^3	15922		
16	203-2	改河、改渠、改路挖方				
17	-a	挖土方	m^3	1647		
18	-b	挖石方	m^3	41953		

路基200 / 路面300 / 桥梁、涵洞400 / 隧道500 / 安全设施及预埋管线600 / 绿化

附图 2

在合价单元格输入以下公式：= ROUND(D6 * E6 ,2) ，见附图 3。

D6 * E6：代表该细目的合价等于该细目的单价乘以该细目的数量。

ROUND(D6 * E6 ,2)：代表将 D6 * E6 计算后的数据进行四舍五入，保留 2 位小数。

其他细目的合价计算公式同上。

②设置每章工程量清单合计的计算公式

在工程量固化清单中，每章所有细目合价的合计将在每章工程量清单合计中自动生成。因此需要在每章工程量清单合计的单元格中添加计算公式。

以“工程量清单第 200 章”中的工程量清单合计为例。

在合计单元格输入以下公式：= SUM(F5 : F45) ，见附图 4，代表将 200 章所有细目的合价求和。

③每章的合计汇总到投标报价汇总表

Microsoft Excel - 工程量清单(固化).xls

文件(F) 编辑(E) 视图(V) 插入(I) 格式(O) 工具(T) 数据(D) 窗口(W) 帮助(H)

Times New Roman 10.5 100%

SUM =ROUND(D6*E6,2)

	A	B	C	D	E	F
1	工程量清单					
2						
3	清单 第200章 路 基					
4	子目号	子 目 名 称	单位	数量	单价	合价
5	202-1	清理与掘除				
6	-a	清理现场	m^2	267925		=ROUND(D6*E6,2)
7	202-2	挖除旧路面				
8	-a	水泥混凝土路面	m^2	67280		

附图 3

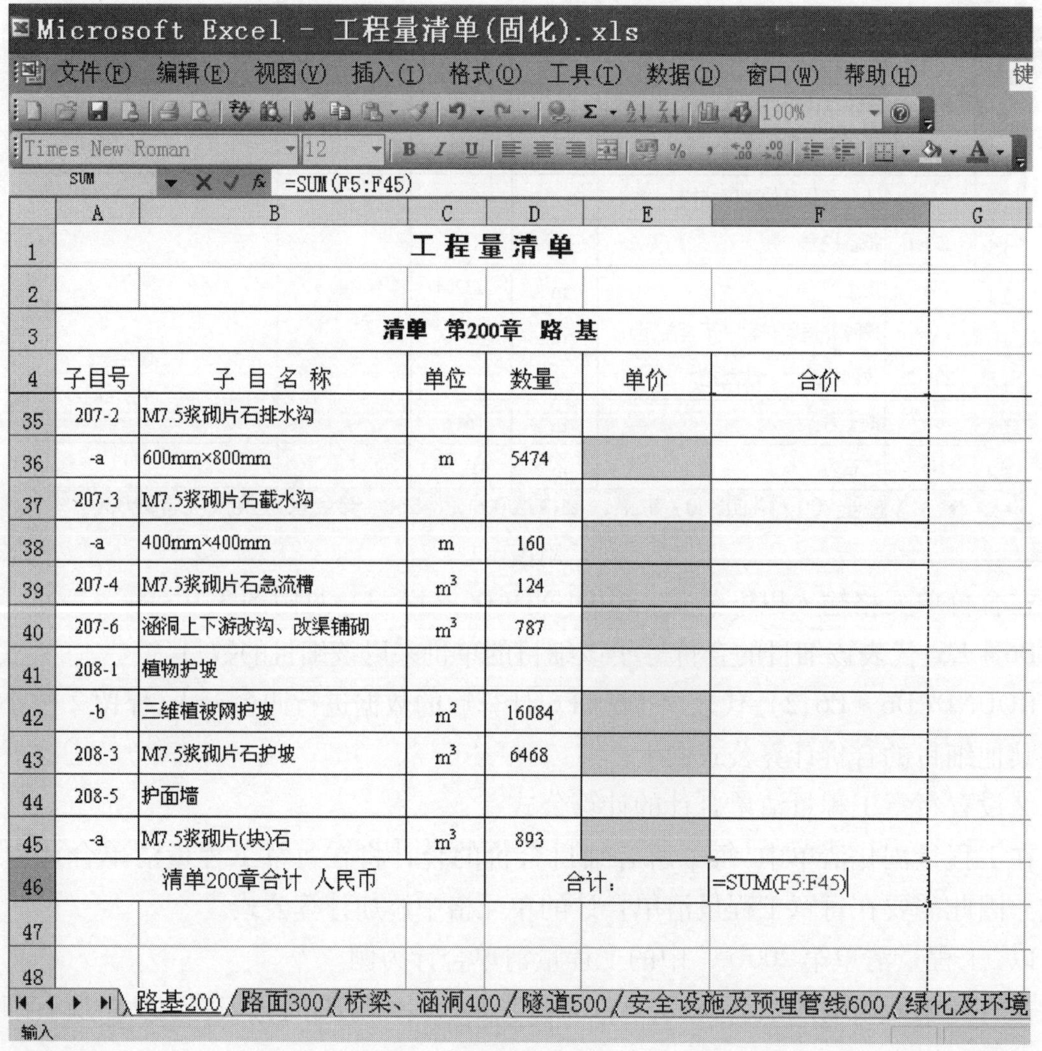

Microsoft Excel - 工程量清单(固化).xls

文件(F) 编辑(E) 视图(V) 插入(I) 格式(O) 工具(T) 数据(D) 窗口(W) 帮助(H) 键

Times New Roman 12 100%

SUM =SUM(F5:F45)

	A	B	C	D	E	F
1	工程量清单					
2						
3	清单 第200章 路 基					
4	子目号	子 目 名 称	单位	数量	单价	合价
35	207-2	M7.5浆砌片石排水沟				
36	-a	600mm×800mm	m	5474		
37	207-3	M7.5浆砌片石截水沟				
38	-a	400mm×400mm	m	160		
39	207-4	M7.5浆砌片石急流槽	m^3	124		
40	207-6	涵洞上下游改沟、改渠铺砌	m^3	787		
41	208-1	植物护坡				
42	-b	三维植被网护坡	m^2	16084		
43	208-3	M7.5浆砌片石护坡	m^3	6468		
44	208-5	护面墙				
45	-a	M7.5浆砌片(块)石	m^3	893		
46		清单200章合计 人民币			合计:	=SUM(F5:F45)
47						
48						

路基200 / 路面300 / 桥梁、涵洞400 / 隧道500 / 安全设施及预埋管线600 / 绿化及环境

输入

附图 4

在工程量固化清单中,每章的清单合计将自动汇总到"投标报价汇总表"(附图5)中并自动生成投标报价。为此,需要在"投标报价汇总表"的相关单元格中引用各章的清单合计并在投标报价合计单元格中设置公式计算投标总价,见附图6。

Microsoft Excel - 工程量清单(固化).xls

文件(F) 编辑(E) 视图(V) 插入(I) 格式(O) 工具(T) 数据(D) 窗口(W) 帮助(H)

SUM =路基200!F46

投标报价汇总表

序号	章次	科目名称	金额(元)
1	100	总则	8,985,780
2	200	路基	=路基200!F46
3	300	路面	133,017,565
4	400	桥梁、涵洞	40,417,719
5	500	隧道	13,124,343
6	600	安全设施及预埋管线	14,778,027
7	700	绿化及环境保护设施	8,864,679
8	第100章~700章清单合计		219,188,113
9	已包含在清单合计中的材料、工程设备、专业工程暂估价合计		7,565,452
10	清单合计减去材料、工程设备、专业工程暂估价合计(即8-9=10)		211,622,661
11	计日工合计		2,789,430
12	暂列金额(不含计日工总额)		30,000,000
13	投标报价(8+11+12)=13		251,977,543

材料、工程设备、专业工程 / 计日工说明 / 计日工明细 / 计日工汇总 / 清单汇总

编辑

附图 5

(3)保护工作表

①请切换到需要实施保护的工作表。

②在直接对工作表进行保护的情况下,工作表中的所有单元格都被默认为锁定,用户不能对锁定的单元格做任何更改。例如,用户不能在锁定的单元格中插入、修改、删除数据或者设置数据格式。因此在对工程量清单进行固化时,应首先在工作表中指定允许投标人更改的指定单元格或区域,即需要投标人填写单价及总额价的单元格或区域。

③对于需要投标人填写单价或总额价的单元格或区域,应取消 Excel 表对相关单元格默认的锁定(例如工程量清单第200章的E6、E8、E9……单元格)。

④首先选择相关单元格或区域,见附图7。

⑤单击"格式"菜单上的"单元格",见附图8。

⑥再单击"保护"选项卡,然后清除 Excel 表默认的"锁定"复选框,见附图9。

Microsoft Excel - 工程量清单(固化).xls

文件(F) 编辑(E) 视图(V) 插入(I) 格式(O) 工具(T) 数据(D) 窗口(W) 帮助(H)

Times New Roman 12

SUM =ROUND((D10+D13+D14),0)

	A	B	C	D	E
1	投标报价汇总表				
2	序号	章次	科目名称	金额(元)	
3	1	100	总则	8,985,780	
4	2	200	路基	91,323,221	
5	3	300	路面	133,017,565	
6	4	400	桥梁、涵洞	40,417,719	
7	5	500	隧道	13,124,343	
8	6	600	安全设施及预埋管线	14,778,027	
9	7	700	绿化及环境保护设施	8,864,679	
10	8	第100章~700章清单合计		310,511,334	
11	9	已包含在清单合计中的材料、工程设备、专业工程暂估价合计		7,565,452	
12	10	清单合计减去材料、工程设备、专业工程暂估价合计(即8-9=10)		302,945,882	
13	11	计日工合计		2,789,430	
14	12	暂列金额(不含计日工总额)		30,000,000	
15	13	投标报价(8+11+12)=13		=ROUND((D10+D13+D14),0)	
16					
17					

材料、工程设备、专业工程 / 计日工说明 / 计日工明细 / 计日工汇总 / 清单汇总

编辑

附图 6

Microsoft Excel - 工程量清单(固化).xls

文件(F) 编辑(E) 视图(V) 插入(I) 格式(O) 工具(T) 数据(D) 窗口(W) 帮助(H)

Times New Roman 10.5

E6

	A	B	C	D	E	F	G
1	工程量清单						
2							
3	清单 第200章 路基						
4	子目号	子 目 名 称	单位	数量	单价	合价	
5	202-1	清理与掘除					
6	-a	清理现场	m^2	267925			
7	202-2	挖除旧路面					
8	-a	水泥混凝土路面	m^2	67280			
9	-c	碎石路面	m^2	534			

附图 7

⑦对于已设定计算公式的单元格,应隐藏任何不希望显示的公式(例如工程量清单第 200 章的 F6、F8、F9……单元格)。

⑧首先选择具有公式的单元格或区域,见附图 10。

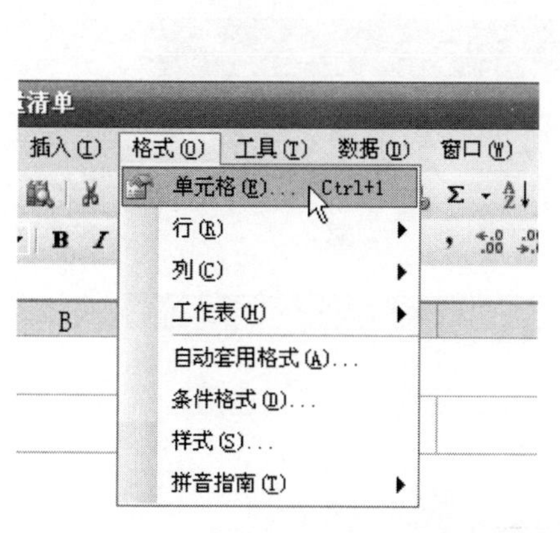

附图　8

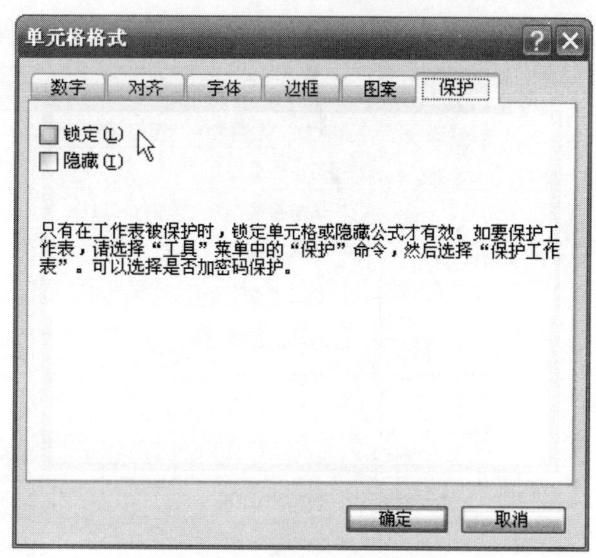

附图　9

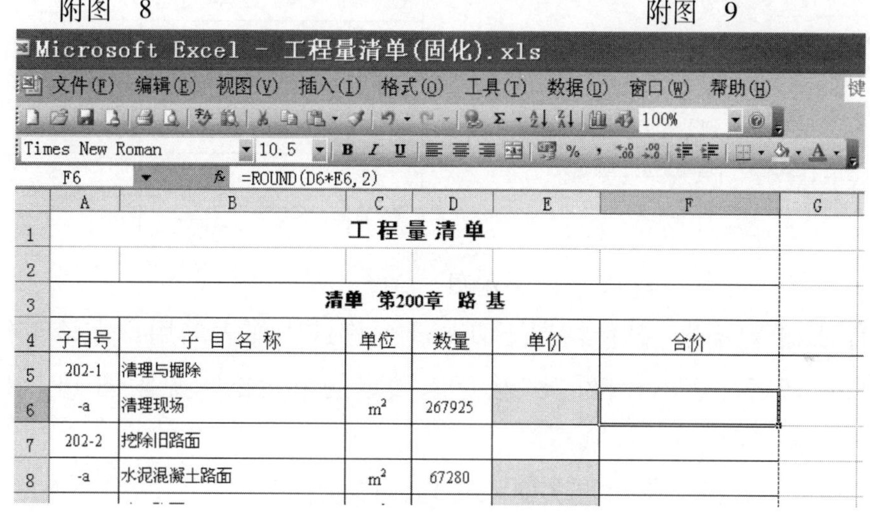

附图　10

⑨单击“格式”菜单上的“单元格”，见附图11。

⑩再单击“保护”选项卡，然后选中“隐藏”复选框，见附图12。

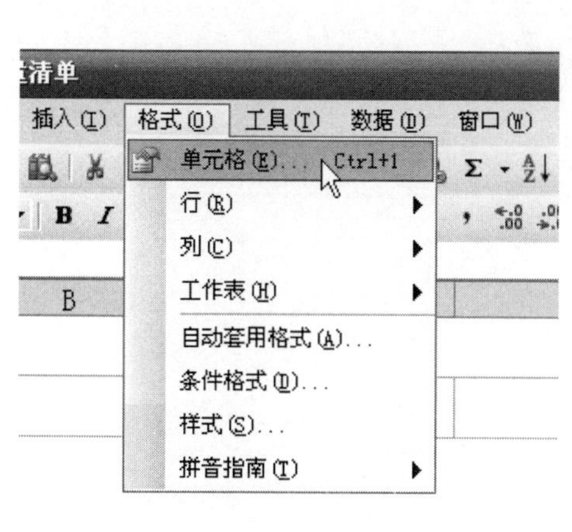

附图　11

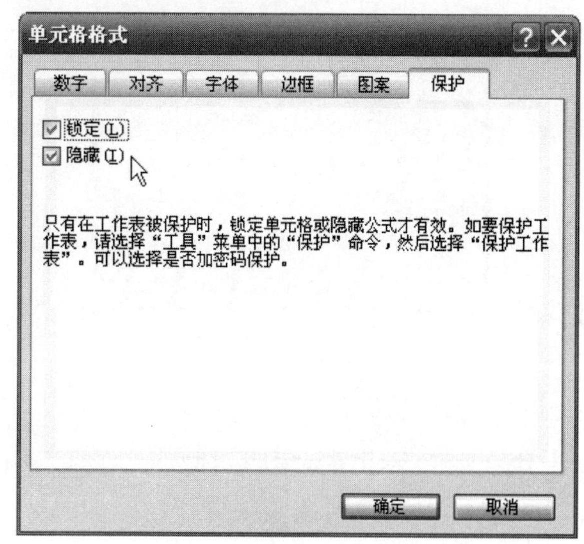

附图　12

⑪在“工具”菜单上,指向“保护”,再单击“保护工作表”,见附图 13。

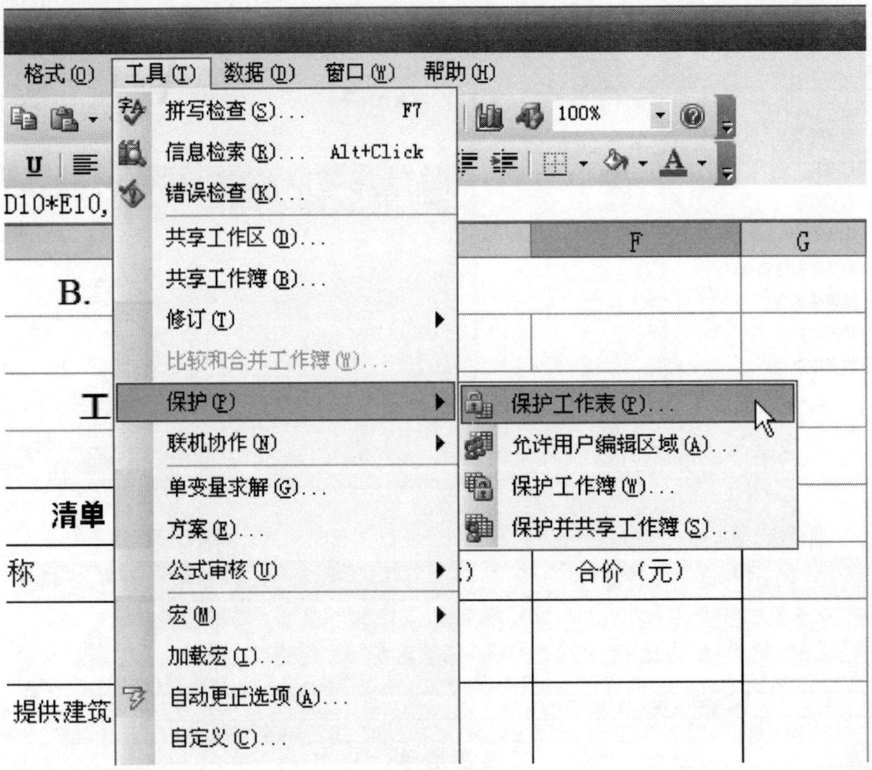

附图　13

⑫为工作表输入密码。默认情况下,Excel 允许此工作表的用户在该工作表被保护的状态下,可以“选定锁定单元格”及“选定未锁定的单元格”,见附图 14。对工程量清单进行固化时无需修改该默认的设置。

⑬单击“确定”,并按照提示再次输入密码,见附图 15。

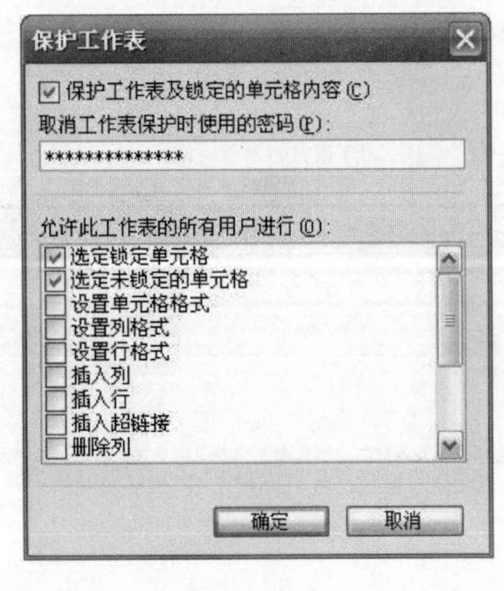

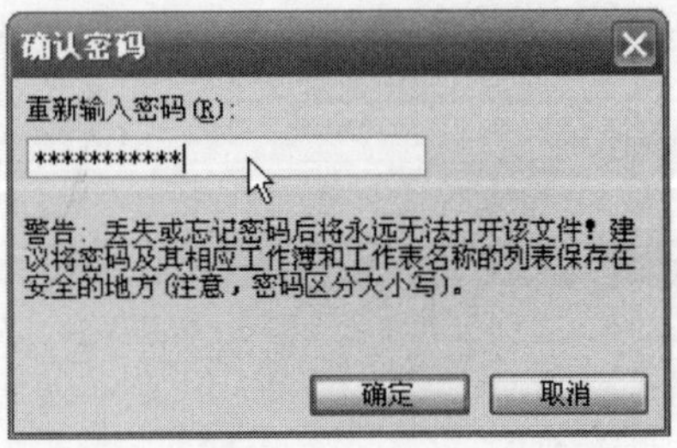

附图　14

附图　15

(4)保护工作簿

①在“工具”菜单上,指向“保护”,然后单击“保护工作簿”,见附图 16。

②请执行下列一项或多项操作:

a. 如果要保护工作簿的结构,请选中“结构”复选框(附图 17),这样工作簿中的工作表将不能进行移动、删除、隐藏、取消隐藏或重新命名，而且也不能插入新的工作表。

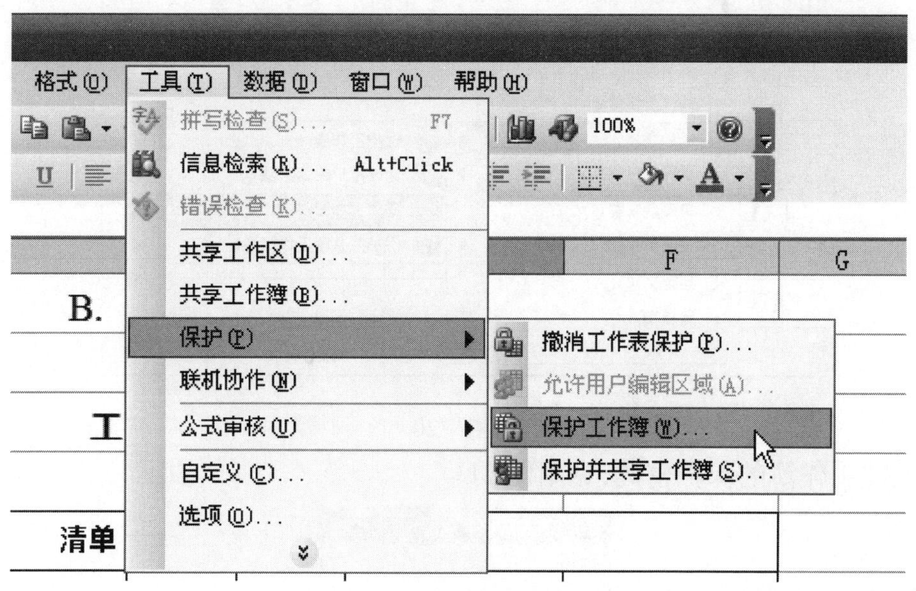

附图 16

b. 如果要保护窗口以便在每次打开工作簿时使其具有固定的位置和大小，请选中“窗口”复选框(附图17)。

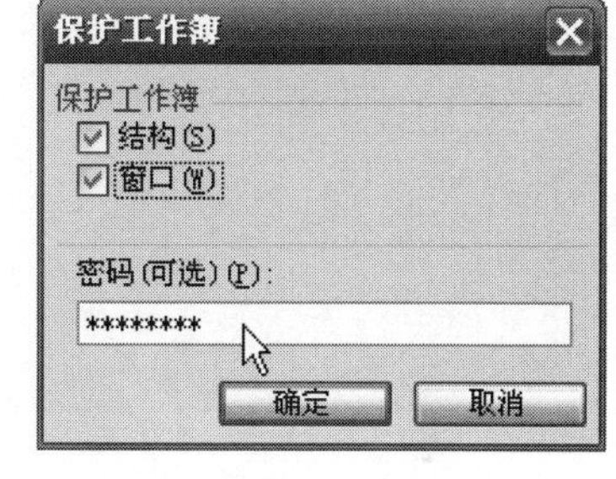

附图 17

③输入保护工作簿的密码，单击“确定”，出现提示时再次输入密码。

(5)取消工作表的保护

①切换至受保护的工作表。

②在“工具”菜单上，指向“保护”，然后单击“撤消工作表保护”，见附图18。

③输入此工作表的保护密码，见附图19。

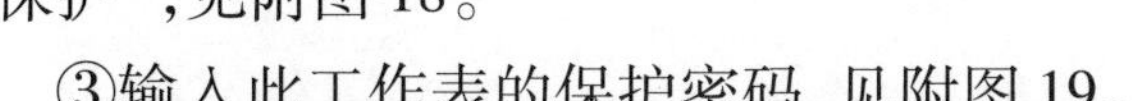

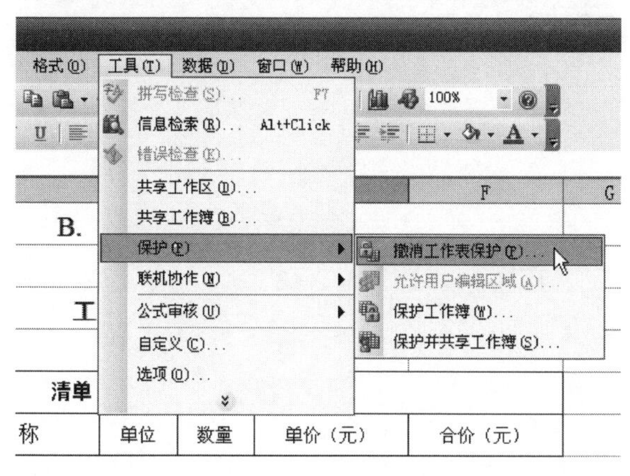

附图 18

附图 19

④单击“确定”。

(6)取消工作簿的保护

①在“工具”菜单上，指向“保护”，然后单击“撤消工作簿保护”，见附图20。

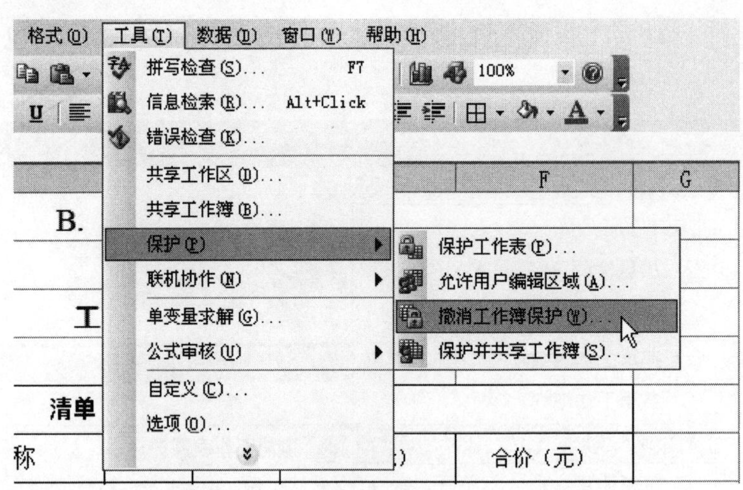

附图 20

②输入此工作簿的保护密码,见附图 21。

附图 21

③单击“确定”。